금강경 독송과 마음 바치는 법

시대의 활불 백성욱 박사 탄신 123주년 기념 문집

빛나는 CEO이자 작가 그리고 지치지 않는 수행자이셨던,

백성욱연구원 발기인이자 공동설립자인

김양경 상임이사를 추모하며

>> 발간사

　백성욱연구원은 20세기 한국이 낳은 세계적 선지식 백성욱 박사의 삶과 그 가르침을 연구하기 위해 2018년 11월 25일 출범한 비영리 민간연구단체입니다. 연구원은 올해의 첫 작품으로《금강경 독송과 마음 바치는 법 – 시대의 활불 백성욱 박사 탄신 123주년 기념 문집》을 내놓습니다.

　백성욱 박사는 석가모니 부처님의 가르침을 현대적으로 소화하여 전인적全人的 인격을 완성한 분입니다. 그는 철저한 불교 수행자이셨고 독립운동과 대한민국 건국 운동에 앞장선 겨레 사랑의 애국자이셨으며 동국대학교의 총장으로 봉사하면서 시대가 요구하는 인재들을 키워낸 교육자였습니다.

　백성욱 박사의 전 인격을 이끌어온 지도원리는 부처님의 가르침이었습니다. 그는 어린 시절 출가하여 승려 생활을 하셨고 유럽에 유학하여 독일에서 〈불교순전철학〉이라는 논문으로 한국 불교가 배출한 최초의 독일 박사가 되었습니다. 귀국 후에는 금강산에서 대방광불화엄경을 제창하여 해인삼매를 얻으셨고 은퇴한 후에는 열반하실 때까지 20년 넘게 금강경 독송과 마음 바치는 공부를 중심으로 스스로 수행하면서 후학들을 지도하셨습니다.

백성욱 박사는 자신의 글에서 인간의 생활은 개인이나 국가나 정신생활, 법률(정치)생활, 경제생활의 3요소가 각각 자기의 궤도를 지키고 타 영역을 침범하지 말아야 안전이 유지되고 무궁한 발전을 이룩할 수 있다고 하셨습니다. 이는 우주의 천체들이 저마다 자기의 궤도를 이탈하지 않고 운행해야 충돌 사고를 피하고 발전하는 것과 같다는 것입니다. 그리고 그중에서 중요한 것은 인간의 생활을 이끄는 정신생활이라고 하여 교육과 종교의 중요성을 강조하셨습니다.

그는 어느 때 어느 곳에 있던지 부처님께 원願을 세우고 바쳐서 목표를 성취하셨습니다. 독일 유학 때 그 짧은 기간에 독일어, 불어, 희랍어, 산스크리트어까지 수학하면서 논문을 쓰신 불가능에 가까운 일을 해내셨던 것은 선禪 수행과 정진의 힘이었다고 합니다. 백 선생님의 이마에 부처님상에서만 볼 수 있는 백호가 돋아난 것도 이때 선정과 정진의 힘에서 그렇게 된 것 같다고 하셨습니다. 불가능해 보였던 대한민국의 건국, 남산 중턱에 동국대학교 대가람을 세운 일, 소사의 백성白性 목장을 일구어 수행의 도량으로 삼고 후학을 양성할 수 있었던 것은 또한 정진과 수행의 힘이 아니었나 생각합니다.

문집에는 이런 이야기들이 들어있습니다. 각자가 백 박사님과의 인연을 자기의 시각에서 쓴 글이기 때문에 백성욱 박사를 여러 측면에서 바라볼 수 있는 글들입니다. 이를 통해 시대의 활불 백성욱 박사에 관한 이야기들과 그의 정신세계의 지도원리인 금강경 독송과 마음 바치는 법을 조망할 수 있을 것으로 봅니다.

123이라는 숫자는 천부경에서 우주의 세 요소이 천지인天地人 삼재三才이기도 합니다. 백성욱 선생님의 법이 탄신 123주년을 기념하여 세계로 펼쳐질 수 있는 기틀을 갖추게 된 것으로 해석할 수 있습니다. 이 작은 책자가 백성욱 박사의 가르침이 세계로 뻗어가는 작은 디딤돌이 되기를 기원합니다.

연구원의 첫 작품을 제일 먼저 고告하고 감사드릴 분은 백성욱연구원 발기인이며 공동 설립자 중 한 분인 고故 김양경 상임이사입니다. 저세상에서도 책의 출판을 기뻐하고 백성욱연구원의 무궁한 발전을 기원하고 계실 것으로 믿습니다.

아울러 윤근향 명예이사장님, 송석구 원장님, 옥고를 주신 선생님들, 그리고 1년이 못 되는 짧은 기간에 작품이 나오도록 힘을 모아 주신 백성원연구원 회원님들께 깊은 감사의 말씀을 드립니다.

2020년 10월,
백성욱연구원 이사장 정천구 합장

》머리말

"기러기 하늘 멀리 날아갔는데
발자취 모래 위에 남아 있고,
사람은 저승으로 갔는데
그 이름만 집에 남아 있네^{鴻飛天末迹留沙 人法黃泉在家}"

세상의 뜬 이름을 탐하는 사람들에게 명예, 재산, 권력 등이 모두 무상하다는 것을 웅변하는 옛 시^詩 한 수를 읊어 본다. 세상은 무상^{無常}하다. 그러나 그 무상을 절실하게 깨닫고 무상 아닌 진리의 영원성을 찾는 사람은 '참 나'를 아는 사람이다. 그러한 줄 알면서도 우리는 그 길을 잃고 있다.

'참 나'의 길을 찾은 분들 중 한 사람이 바로 백성욱(白性郁 1897-1981) 박사이다. 백 박사님은 어려서 출가하시고 출가 이후 상해 임시정부에서 독립운동을 하다 약관의 나이로 불란서 유학을 하고 마침내 독일 '뷰르쓰부르크' 대학 철학과에서 불교순전철학^{Buddhistishe Metaphysik}이라는 논문으로 1925년 10월 철학박사 학위를 받았다. 그가 불란서로 건너가 독일에서 학위를 받기까지 3년 6개월밖에 걸리지 않았다. 그는 나이 14세에 출가하여 중앙불교전문대학교에서 불교를 배웠고 또한 독일에서는 희랍어까지 공부하는 천재성을 발휘하였다. 귀국하여 중앙불교전문대학교의 교수가 되었지만, 그는 그것에 만족하지 않고 영원한 진리를 찾기 위해 교수를 사직하고 금강산 안양암에서 단신 수도에 든다. 그는 일제의 억압 하에 승려로서 살아야 할 것인가 아니면 독립운동을 해야 할 것인가에 대한 회의로 고민을 했던 것 같다. "더럽게 사는 것보다 조촐하게 죽는 것이 더 낫다"라고 생각해 모든 명예와 편안함을 저버리고 금강산 수도에 들어갔다.

바로 이러한 결단이 그로 하여금 '참 나'를 발견하게 하여, 일체중생이 부처님이시고 미륵존여래불이라는 확신을 갖고 '바치는' 공부를 설파하도록 이끌었다고 본다. 그에게 '바친다'라는 대상은 화엄경 보현행원품의 예경 재불원에서 '일체중생이 부처요 중생에게 예경하는 것이 곧 부처'라는 사상을 '바친다'로, 예경을 우리말로 바꾼 뜻이다.

백 박사님이 만약 세상의 이름을 탐했다면 지금의 백 박사님 제자들이 '금강경독송회'나 '백성욱연구원'을 설립했겠는가? 이같이 명예나 재산이나 권력은 한 줌의 모래알과 같고 바람과 같지만 '참 나'라는 주인공을 찾아 깨친 분은 영원히 진리로 남아 있는 것이다.

백 박사님을 직간접으로 알고 배웠던 제자들이 백 박사님의 불교사상을 함께 절차탁마하기 위해 모임을 가졌다. 2018년 10월에 윤근향 보살님을 위시하여 직접 소사에서 금강경 가르침을 배웠던 도반들, 즉 정천구 전 영산대학교 총장, 김양경 사장, 이건호 전 불교신도회 사무총장, 이선우 사장, 고준환, 류종민, 정재락 교수 등등이 뜻을 함께하여 백성욱연구원을 창립하고 발전시키는데 기여했다. 그리고 소사에서 금강경 공부를 하지 못했으나 동국대학교의 학생으로 백 박사님의 강의를 들었던 송석구, 송재운, 그리고 뜻을 같이하는 최용춘, 김한란, 박재철, 이주현, 원혜영 교수 등이 참여했다.

2019년 3월에는 백 박사님과 친숙했던 류주형 회장(동국대학교 총동창회 회장, 백성욱 총장 당시 총학생회장), 장한기 원장(백총장 당시 교무과장), 임덕규 디플로머시 회장(당시 법과대학 학생) 등과, 윤근향 보살, 송재운, 이선우, 김양경, 정천구, 송석구, 이건호 등이 코리아나 호텔에서 모여 백 박사님에 대한 회고담을 담은 좌담회를 하고 백 박사님의 모든 것에 대하여 각자가 느꼈던 소품을 쓰자는 것에 뜻을 같이하게 되었다.

이러한 과정을 거쳐 이번 이 책이 상제^{上梓}되니 그 감개가 무량함을 말로 할 수 없다. 여기에 글을 써 주신 여러분과 책 진행에 여러모로 힘써준 원혜영 교수 그리고 윤근향 명예 이사장, 정천구 이사장님의 노고와 출판사 여러분에게 무한한 감사를 드린다.

마하반야바라밀 미륵존여래불

2020年 7月 30日

백성욱연구원 원장 송석구

≫ 목차

발간사 ... 5

머리말 ... 8

1장_대한민국의 큰 스승, 백성욱 박사

세상 모든 고통을 한 번에 돌려내는 한 마디 / 임덕규 ... 18

백성욱 선생님에게 배운 금강경 공부 / 정천구 ... 30

백 선생님과 함께한 일요일 / 류주형 ... 50

대원경상절친소 / 이종찬 ... 62

백성욱 박사님, 미스터리로 풀다 / 여해룡 ... 70

시대의 활불 – 백성욱 / 송재운 ... 76

2장_삶이 곧 수행이다, 스스로 닦고 깨쳐라

동국대 중흥이 불교중흥 / 송석구 ... 110

금강경 공부 : 내 안의 빛을 찾는 수행 / 김양경 ... 126

백성욱 선생님의 가르침과 나의 불교 신앙 / 정재락 ... 138

내 앞에 나타난 보살 백성욱 박사님 / 리영자 ... 152

평범하지만 탁월한 가르침 / 이주현 ... 160

관상학으로 본 백성욱 박사 / 김선형 ... 168

3장_그리운 선생님, 다시 한 번 뵐 수 있다면

언제 어디서 무엇이 되어 다시 만나랴 / 장한기 ... 188

너 평생 그렇게 헐떡거리고 살련 / 이건호 ... 206

오늘의 부처님, 백성욱 박사 / 류종민 ... 220

소중한 기억을 통해 이끄는 눈부신 미래 / 원혜영 ... 232

방생하는 마음 / 최용춘 ... 242

내 마음이 부처요, 내 집이 법당이다 / 헬렌 S. 정 ... 250

1장_
대한민국의 큰 스승, 백성욱 박사

❈ 세상 모든 고통을 한 번에 돌려내는 한 마디

임덕규(디플로머시^{Diplomacy} 회장)

　초등학교 4학년 때부터 나의 꿈은 국회의원이었다. 법대에 들어가면 꿈에 조금 더 가까이 갈 수 있지 않을까 생각해 동국대학교 법학과에 입학했고 바로 그해부터 총장 특강이 시작됐다. 당시엔 대학건물이라고 해봐야 큰 절간 같았던 강당 하나가 덩그러니 세워져 있고 나머지는 판잣집 비슷한 게 있었다. 중강당이 지어진 게 1967년도의 일이니 10년 전이었던 그때 대학교의 모습이란 처참한 수준이었다. 그럼에도 불구하고 학교 다닐 맛이 났던 건 총장 특강을 비롯해 수많은 훌륭한 교수님들이 인생의 피와 살이 될 가르침을 주셨기 때문이다. 그중에도 백 총장님께 많은 감동을 받았다. 총장실을 새로 짓고 특강하실 때의 기억이 생생한데 그

날 총장님 말씀에 반 해탈을 했다. 대강의 내용은 이렇다.

여느 때와 마찬가지로 아침 7시면 출근하시는 총장님이 때마침 화장실 청소부들이 모여 험담하는 걸 듣게 되셨다고 한다. 대학생들이 대변, 소변도 제대로 방향에 맞게 못 누냐는 투덜거림이었다. 이에 총장님은 청소부들에게 다음과 같이 일갈하셨다고 한다.

"너희 지금 뭐라고 했냐? 그거 왜 그런지 아느냐? 너희 밥 먹여주느라고 그런 거다. 깨끗하게 눴으면 너희 밥줄 떨어지는 거야. 앞으로는 이렇게 생각해라. 역시 대학생들이 다르구나. 힘이 세서 동쪽으로도 갈기고 서쪽으로도 갈기고. 이렇게 힘이 세야 장관도 나오고 훌륭한 인물이 나오지."

그 말씀에 정신이 번쩍 들었다. 그동안 나는 세상이 고통투성이라고 생각했는데 총장님 말씀대로라면 다 임덕규 먹고 살라고 일어난 일이구나 싶었다. 그때부터는 가정교사 하는 집 애가 공부를 못해도 전처럼 한심해 보이지가 않았다. 다 임덕규 밥먹여주려고 이 아이가 이렇게 공부를 못하는구나 싶어 고마운 마음이 드니 더욱 정성으로 가르치게 되었다. 오늘날까지도 총장님의 이 말씀을 떠올리면 세상 고통이 사르르 녹아내리는 기분이 든다.

어려웠던 시절 어쩌면 당시 내 분수에 맞지 않는 국회의원이라는 거창한 꿈을 꿨던 청년에게 백 총장님이라는 존재는 남자가 한번 뜻을 품으면 무엇이든 할 수 있다는 살아 숨 쉬는 신화와 같았다. 총장님은 종종 "남자는 사막에도 기와집을 지을 수 있어야 한다"는 말씀을 하셨다. 어려운 환경에도 불구하고 유학을 통해 실력을 쌓고 금강산 수도 등의 수련을 바탕으로 도인의 풍모를 보여주시는 백 총장님이셨기에, 그 카리스마와 지식을 바탕으로 연마된 통찰력과 혜안은 대한민국에 감히 따라올 자가 있을까 싶을 정도로 뛰어난 분이라 그 말씀이 절절하게 와 닿았다. 어린 마음에도 그 모습이 너무 멋있어서 어떻게든 총장님을 한 번 더 뵙고 가르침을 받을까하는 생각밖에 없었다. 그래서 대학시절 미 8군 부대에 입대를 해서 저녁에 보초서고 낮에 학교 다니는 생활을 할 때에도 부대에서 우유나 귤 같은걸 가져와 총장님께 드리며 한 번씩 인사를 드리곤 했다.

젊고 천진난만했던 나는 총장님께 가끔 내 꿈에 대해서도 이야기를 드렸다. 군입대를 하기 전 총장님께 제가 군대를 다녀와서 국회의원을 할 생각이라고도 말씀드린 적이 있는데 새파란 애송이의 분에 넘치는 꿈에 대해 총장님은 의외로 담담하게 받아주셨던 기억이 난다.

"그래 잘 다녀와서 해라. 앞으로 전쟁도 안 날거고."

백 총장님이 한 번씩 주변 사람들에게 예언 비슷한 말들을 툭툭 던져 주시는 경우가 많았고 그 예언이 지나고 보면 기가 막히게 맞아 떨어졌다는 일화들이 많은데 내 경우에도 그랬다. 정말로 전쟁은 나지 않았고 훗날 나는 국회의원의 꿈을 이뤘으니 말이다.

백 총장님께서 그야말로 허허벌판에 아무것도 없던 동국대에 멋진 신식 건물을 세우시고 매주 총장특강이라는 가르침이자 격려의 자리를 마련해 동국대학생들은 물론 교직원들 그리고 그 시대 헐벗고 굶주렸지만 눈빛만은 살아있었던 수많은 타 대학생들에게까지도 응원과 격려를 아끼지 않으셨던 모습이 지금도 눈에 선하다. 나는 대한민국 역사에 길이 남을 3내 총장에 고려대 유진오, 연세대 백낙준 그리고 동국대 백성욱 총장님을 손에 꼽는다. 이 세 분의 석학들이 계셔서 혼란의 시절, 우리나라 청년들이 뜻을 바로 세우고 공부에 전념해 실력을 키워 나라를 이끌어가는 인재가 될 수 있었다고 믿어 의심치 않는다. 그 중에도 최고는 역시나 백 총장님이셨다. 누구도 범접하지 못할 카리스마로 동국대학교의 중흥에 이바지하심과 동시에 자신을 찾는 모든 이들에게 그 지위고하를 막론하고 열려 계셨던 영원한 스승이자 아버지 같으신 분이 또 어디 계실까 싶다.

해낸다는 마음가짐 :
만델라에서 장쩌민까지 〈디플로머시〉를 지속한 힘의 원천

어머니의 극진한 은진미륵 기도 끝에 삼대독자로 태어난 나는 귀가 은진미륵 귀처럼 생겼단 말을 들으면서 컸다. 그래서인지 꿈이 컸고 세상의 빛이 될 만한 일을 하고 싶다는 포부가 있었다. 국회의원이 돼야겠다는 막연한 희망이 있었기에 법대에 진학했고 졸업 후엔 신아일보 논설위원과 동화통신 출판부국장 및 논설위원으로 일했다. 대학에서 박사과정을 밟으며 국제법 강의도 했는데 뜻하지 않게 영문 월간지를 만들어 세계

정상들과 인터뷰를 하며 반평생을 보내게 됐다. 영문 월간지 〈디플로머시Diplomacy〉를 창간해 40여 년간 민간외교 첨병 역할을 해온 셈이다.

어떻게 그런 일을 할 생각을 했냐며 신기해하는 사람들이 많은데 그 시작은 생각보다 평범했다. 독립 운동가이며 2대 외무장관과 유엔대사를 지낸 집안 어른인 임병직 박사를 10여 년간 개인적으로 보좌하면서 윤치영 박사, 이범석 장군, 임영신 여사 등 당대의 쟁쟁한 인사들을 알게 됐고 이들로부터 나라사랑을 배울 수 있었다. 임 박사가 인도 대사로 있을 때 곁에서 보좌하며 '한국-인도 친선협회'를 만들어 간사로 활동할 때 국제적인 외교를 경험한 것도 도움이 됐다. 1972년 뮌헨 올림픽 때 한국을 알리기 위해 예술단을 이끌고 유럽 순방을 나가기 전 임 박사가 "앞으로 먹고 살 생각만 하지 말고 영어로 잡지를 만들어 미국 사람들을 설득하면 국가에 큰 도움이 될 것이다"라고 당부하신 게 시작이 됐다. 임 박사의 뜻에 고개가 끄덕여져서 무모했지만 한번 뜻을 세우면 밀고 나간다는 자세로 임했다.

돈도 없고 잡지를 만들어본 경험도 없고 영어에 능통하지도 않았지만 "남자는 사막에 기와집을 지을 수 있어야 한다"고 말씀하신 백 총장님의 마음가짐을 이어받는다는 생각으로 도전했다. 그렇게 3년여 간의 준비 끝에 1975년 8월 〈디플로머시〉 창간호를 낼 수 있었다. 창간호의 커버스토리는 한미관계로 잡았다. 표지엔 포드 대통령 가족사진을 싣고 성조기 변천사, 역대 미국 대통령의 친필 서명, 역대 주한 미국 대사 사진 등으로 특집을 꾸몄다. 당시 꽤 귀한 재산으로 여겨졌던 전화를 잡혀 마련한 300만원으로 사무실을 장만하고 집을 담보로 창간자금을 대가며 이뤄낸 성과였다.

주위에서 미친 짓이라며 극구 말렸지만 막상 창간호가 나오자 '된장 냄새 안 나게 잘 만들었다'고 격려를 많이 받았다. 영어로 원고를 쓸 수 있는 사람이 고작 다섯 손가락 안에 꼽을 정도라 영문 월간지가 전무하던 시절 〈디플로머시〉를 창간한 것도 대단하지만 외교라는 특수 분야에서 40년이 넘게 세계의 정상들만을 인터뷰하며 일가를 이뤄왔다는 사실에 놀라는 사람들이 많다. 지금이야 우리나라가 세계 11위의 경제대국이니 뭐니 해서 대한민국의 위상이 높아졌지만 내가 잡지를 시작할 때만 해도 보잘것없는 동방의 소국이었다. 그럼에도 불구하고 시작부터 지금까지 500여명이 넘는 세계 정상들만을 직접 취재해 인터뷰를 성공시켜왔다. 남아공 만델라 대통령, 구소련 고르바초프 대통령, 아키노 필리핀 대통령, 장쩌민 중국 주석, 알제리 부테푸리카 대통령, 영국 토니블레어수상, 코트디부아르 오타라 대통령, 브라질 룰라 대통령 등 이름만 들어도 알만한 국가 수뇌들만 표지모델로 인터뷰하다보니 〈디플로머시〉의 위상과 영향력도 나날이 높아졌다. 요즘은 그래서인지 각국 지도자들이 나에게 '훌륭한 지도자가 되는 법'을 인터뷰하려고 들 정도다.

〈디플로머시〉를 이끌며 이룬 쾌거는 헤아릴 수 없이 많지만 그중에도 으뜸은 반기문 유엔 사무총장 당선이 아닐까 싶다. 세계를 돌아다니며

500명이 넘는 지도자들을 만나고 《역사의 연구》라는 명저로 유명한 아놀드 토인비 교수나 노벨경제학상 수상자인 멘델 교수같은 석학들과도 인맥을 쌓다보니 국제 정세 돌아가는 것이 체스판 들여다보듯 보이기 시작했다. 2004년 반기문 총장이 외교통상부 장관에 임명됐을 때 내가 오찬을 함께 하면서 유엔 사무총장 출마를 강력히 권한 것도 그런 이유에서다. 그때가 마침 유엔 사무총장이 아시아권에서 선출될 순서였고 국제적 역학관계상 우리나라에서 유엔사무총장이 나올 때가 됐다는 확신이 있었다. 그래서 주한 외국 대사들과 유엔 주재 각국 대사들을 상대로 반사모_{반기문을 사랑하는 모임}를 조직해 선거운동을 하고 경쟁자로 떠오른 폴란드 대통령을 개인적 친분을 이용해 출마를 포기하게 설득하기도 했다. 내가 평생에 걸쳐 쌓아온 인적 네트워크가 반기문 유엔 사무총장 만들기에 모두 투입됐다고 해도 과언이 아니다.

결과는 예상한대로 적중했고 우리나라의 세계적 위상이 한층 올라간 쾌거이자 우리나라가 세계적으로 도움을 받는 국가에서 도움을 주고 세계를 리드해 나갈 수 있는 국가로 나아갈 수 있는 가능성을 조금이나마 보여줬다고 생각한다. 물론 이런 결과는 반기문이라는 훌륭한 인물과 국제정치의 역학관계 그리고 시대적 흐름이라는 삼박자가 맞아 떨어져 일어난 것임이 분명하다.

나는 그 흐름을 남들보다 먼저 읽고 준비를 잘했을 뿐이다. 한번은 어느 기자와의 인터뷰에서 "인생은 미꾸라지 잡는 재미로 산다"고 말한 적이 있는데 정말로 인생의 기회를 잡는다는 게 그런 일인 것 같다. 세상의 흐름을 읽을 줄 알게 되면 어떻게 움직여야 하는지가 보이기 때문이다. 그런 의미에서 <디플로머시>는 나에게 단순한 외교전문 잡지를 넘어 하나의 세계관이자 외교의 궁극적 목적이라 할 수 있는 우리나라 국익 실현의 장으로 자리매김해 왔다고 볼 수 있다.

세계 정상들을 다 만나 봐도 최고는 항상 백 총장님

"어디서 그런 자신감이 나옵니까?"

세계 국가 원수를 가장 많이 만나본 사람이 바로 나다. 그래서인지 내가 살면서 가장 많이 받은 질문이 바로 이것이다.

내 대답은 한결같다. 동국대에서 백 총장님 가르침을 받은 덕이라는 거다. 누구나 나보다 높은 사람을 만나면 비굴해지고 나보다 낮은 사람을 만나면 오만해진다. 백 총장님은 이럴 때 생각을 한번 뒤집어 보라고 가르쳐주셨다.

높은 사람을 만나면 마음속으로 "당신 높은 거 다 내덕이야. 내가 얕으니 당신이 높아 보이는 거야"하고 생각해보라는 것이다. 그러면 아무리 미국 대통령을 만나도 사람이 담대해지고 당당해진다. 실제로 레이건 대통령과 아버지 부시 대통령을 만났을 때 그리고 장쩌민 주석을 만났을 때도 "당신 높아 보이는 거 다 내덕이야"라는 마음가짐으로 임했기에 당당할 수 있었고 그 결과 만족할만한 인터뷰 기사를 뽑아낼 수 있었다.

반대로 얕은 사람을 만날 때 "내가 높아 보이는 게 당신 덕이야"라는 고마운 마음으로 대하면 겸손해지기 때문에 구두 닦아주는 분들과도 허물없이 친분을 나눌 수 있다. "자네 덕으로 내가 이렇게 산다"는 마음가짐으로 보는데 어떻게 오만함이 나올 수 있겠는가.

이렇게 〈디플로머시〉를 이끌며 500명이 넘는 전 세계 지도자들을 만나 인터뷰를 하게 된 것이야말로 동국대를 다니며 백 총장님께 배운 덕분이라는 감사함으로 가득한 이유다. 정말로 세계 총장들을 다 만나 봐도 백 총장님만한 분은 없었다. 그런 인품과 박학다식함은 물론 어떤 일이든 필요하면 해내고 보는 뚝심과 카리스마가 공존하는 분이 세상에 또 계실까?

언제나 친할아버지 같은 인자함으로 총장실에서 나 같은 애송이를 귀여워해주시고 무심한 듯 툭툭 필요한 조언을 해주시던 그 모습이 눈에 선하다. 그래서 백 총장님을 떠올릴 때마다 고맙고 그립고 더 많이 찾아뵙지 못한 게 안타까울 뿐이다.

사리사욕 없이 오직 학생과 교수들을 위해, 더 나아가 국가와 국민을 위해 너무나 많은 일들을 하고 가신 백 총장님에 대한 재평가와 그 가르침에 대한 연구가 올해 발족된 백성욱연구원을 통해 더욱 활발히 진행되길 바라는 마음이다.

나 또한 늘 백 총장님이 후학양성을 위해 헌신하신 일생을 본받아 '디플로머시 어워드'의 세계화를 꿈꾸고 있다. 몇 해 전 아프리카 어느 나라 현직 대통령이 '디플로머시 어워드'를 줄 수 없겠느냐고 여러 차례 문의해 온 적이 있었는데 그 대통령이 한국에 와서 상을 받겠다는 의사까지 표시했으나 당시엔 준비가 되지 않아 그렇게 하지 못했다. 우리나라에도 '노벨 평화상' 같이 세계적으로 권위 있는 상이 있어서 세계의 지도자들을 대상으로 줄 수 있다면 얼마나 좋을까 싶었다. 나의 남은 소망이 세계지도자 대상 재단을 설립해 '디플로머시 어워드'를 수여하는 것이 된 이유다. 거창하기 짝이 없는 꿈이지만 시작이 반이라는 말처럼 그동안 만나온 세계 정상들과 유명 학자들로 구성된 '디플로머시 패밀리'가 반기문 총장을 시작으로 '디플로머시 어워드'를 수여하게 되었다. 아직 갈 길이 멀지만 첫 발걸음을 뗀 셈이다.

백 총장님이 일생을 통해 보여주신 가장 큰 가르침은 사람이 한 번 뜻을 세우고 노력하면 무엇이든 이룰 수 있다는 게 아니었을까 싶다. 그 뜻은 물론 나 자신의 이익만 쫓는 게 아니라 모두의 이익을 위한 뜻이어야 한다.

나는 불교를 믿지 않지만 총장님께서 항상 소원을 이루고자하는 이들을 만나면 "이 소원을 이뤄서 이 세상 모든 사람들이 더 잘되고 행복해지고 부처님 전에 복 많이 짓기 발원"할 것을 축원해주시고 또 그것을 가장 영험한 기도법으로 가르쳐 주셨다는 것을 잘 알고 그 뜻에 공감한다. 내가 평생을 걸어온 길도 바로 그런 기도의 힘이자 총장님의 가피가 함께 했다는 것을 믿는다. 백성욱연구원을 통해 더 많은 사람들이 백 총장님의 가르침을 만나 어떤 악조건 속에서도 자신이 원하는 바를 꽃피워 내 더 좋은 세상, 평화롭고 행복한 세상을 만들어나가길 기원해 본다.

"남자는 사막에도 기와집을 지을 수 있어야 한다."

❀ 백성욱 선생님에게 배운 금강경 공부

정천구(백성욱연구원 이사장, 전 영산대학교 총장)

20대에 만난 최고의 인생수업

나는 29살 한창 나이에 백성욱 박사를 뵙고 금강경 공부를 시작했다. 고려대학교 대학원 재학시절이었다. 불교는 모태신앙이지만 고등학교 3학년 때 학교에 불교학생회가 생겨서 정식으로 불교에 입문했고 졸업한 후 당시 조계사 청년회 모임에 열심히 다녔다.

군 복무와 대학 4년을 보내고 다시 조계사에 들렸는데 거기서 고교 때 만났던 윤영흠 법사의 금강경 법회에 참여하게 됐고 그의 인도로 백 박사님을 친견할 수 있었다. 그때부터 내가 백성욱 박사에게 배운 공부는 ①아침, 저녁 금강경을 독송하고 ②평소에는 일어나는 모든 생각을 "미륵존여래불"해서 부처님께 바치며 ③자기가 이루고자 하는 바를 부처님께 원을 세워 성취하라는 것으로 요약할 수 있다.

　백 박사님의 공부법은 오늘날 학교에서 가르치는 공부와는 달랐다. 그동안 익숙했던 책을 읽고 이론을 연구하는 현대식 공부보다는 몸과 마음을 바쳐서 수련하는 우리의 전통적 공부에 가까웠다. 백성욱 박사의 호칭 역시 박사도 장관도 교수도 아니고 모두들 그냥 "선생님"하고 불렀다. 현대식 공부를 영어로는 탐구한다는 의미의 스터디^{study}라 하고 중국어로는 책을 읽는다는 뜻의 '니엔 수^{念書}'라고 한다. 원래 우리말의 공부^{工夫}는 자신을 수련하여 어떤 경지를 추구하는 글공부, 소리 공부나 중국의 무술 쿵푸^{功夫}수련과 유사하다. 이론보다는 실제에서 체득하는 것을 중시하는 공부다. 그래서 백 박사님은 〈불교 순전철학〉이라는 철학 박사학위 논문에서 "불교는 실제적 현실에서 구득한 진리를 나의 주관을 떠나 객관적인 견지해서 연구하는 의식철학"이라고 규정하셨던 것 같다.

　백 박사님은 필요한 경우 이론 강의도 해주셨지만 주로 마음공부, 마음의 씀씀이^{用心}의 중요성을 일러주셨다. 예를 들어 구걸하는 사람에게 무엇을 줄 때도 '거지에게 준다'는 마음으로 보시를 한다면 '거지'라는 마음을 찍어 두었으니 결국 자기가 거지가 되는 셈이지만 그럴 때 '부처님' 하는 마음으로 줄 수 있다면 자기는 부처님을 증^{證}했으니 마음이 밝아질 수밖에 없다"고 하셨다.

또 남에게 줄 때 무슨 대가를 바라고 주면 그것은 장사 속 거래이지 공덕이 있는 보시는 아니라고 하셨다. 남이 요구할 때 얼른 주는 마음을 내는 연습을 하라는 것이다. 실제로 주고 안주고는 그 다음에 따져도 되는데 사람들은 남이 달라고 하면 움켜쥐려고 해서 복을 짓지 못한다고 하셨다. 복을 받기만 하려는 것은 거지같은 마음이고 복을 지어야 作福 당당한 주인 정신을 기르게 된다는 것이다.

여기에 더하여 백 박사님은 공부하는 사람의 기본자세로 공경심을 가져야 된다고 하셨다. 부처님을 닮고 싶으면 부처님을 공경하고 "자기를 나무라는 사람이나 좋은 충언을 하는 사람에게 절을 할 줄 알아야 한다禹拜昌言"는 것이다. 동양의 성군聖君이었다는 우禹임금의 이야기를 들려주시면서 하신 말씀이다.

바치는 공부와 미륵존여래불

백 박사님은 공경심과 관련하여 미륵존여래불께서 석가모니 부처님의 수기를 받으신 이야기를 들려주셨다. 석가모니 부처님 당시 벵골만의 4개 섬으로 되어 있는 섬나라 앤다만 왕자가 석가모니 부처님 회상에 참여하셨다. 하루는 부처님이 법회에 나오셔서 대중을 둘러보니 모두 환한 빛을 발하고 있음을 보시고 "아, 한마음 닦아 모두 성불成佛하는구나"하고 찬탄하셨는데 그 말씀을 듣고 나서 대중들은 다시 캄캄해졌다는 것이다. 대중들은 그 말씀을 듣고 "아하, 내 마음 닦아 내가 성불하겠구나"

하고 아상我相을 내어서 모두 캄캄해졌다는 것이다.

그런데 그들 중 한 사람만 더욱 밝은 빛을 발하고 있었으니 그가 앤다만 왕자였다. 석가모니 부처님은 이를 보시고 그분에게 수기를 주어 "너는 오는 세상에 부처를 이루리니 이류을 미륵존여래불이라 할 것이다"고 하셨다는 말씀이다. 그는 '내가 성불하겠구나' 하고 아상을 내는 대신 우리 부처님 아니시면 내가 이 귀중한 말씀을 어떻게 들을 수 있을까 하면서 부처님께 더욱 공경심을 내어 더욱 밝아지셨다고 한다. 그래서 부처님을 닮고 싶으면 부처님을 공경하라는 것이다. 선생님은 그런 미륵존여래불을 염송할 것을 강조하셨다.

"미륵존여래불을 마음으로 읽어서 귀로 듣도록 하면서 당신의 생각은 무엇이든지 부처님께 바치는 마음을 연습"하라는 것이다. 부처님하는 마음에 바쳐도 되고 석가모니불하고 바쳐도 되지만 미륵존여래불^{미륵부처님의 정식 명호}을 불러 바치라고 하신다. 석가모니 부처님의 마음은 미륵존여래불에게 전해졌고 그 부처님은 유일하게 상좌부경전과 대승경전이 다 함께 설하는 부처님이시다.

미륵존여래불 염송은 백 선생님이 금강산에서 수도할 때부터 채택하신 수행 방법이다. 당시 내금강에서 수행하던 백 선생님은 1928년, 당신보다 10살 위인 혜정 손석재 선생님을 만나 함께 회중을 지도하면서 그분의 영향을 많이 받았고 함께 미륵존여래불을 염송하는 수행을 하셨다고 한다.

바치는 공부는 백 선생님이 발전시킨 수행법이다. 금강경 제3품 대승정종분^{大乘正宗分}에 보면 9류 중생을 제도하는 일을 설하시면서 "이렇게 무량하고 무수한 중생을 제도하되 한 중생도 제도 받은 자가 없느니라"는 구절이 나온다. 여기서 중생제도라는 용어가 나오고, 불자들이 늘 외는 사홍서원에도 '중생이 많지만 결단코 제도하겠습니다'라는 서원이 나온다.

그러나 문제는 우리들 중생이 어떻게 중생을 제도하느냐 하는 것이다. 부처님이나 보살은 중생을 제도한다지만 중생인 내가 어떻게 다른 중생을 제도하느냐가 문제가 아닐 수 없다. 이제까지 아무도 이 문제를 묻지도 않았지만 백 선생님은 중생이 중생을 제도하려면 부처님께 바치면 된다는 해결책을 제시한 것이다. 그래서 나에게 오는 모든 중생은 부처님께 바치면 된다는 것이다. 내가 제도하겠다고 하지 않으니 아상을 떠난 것이요, 부처님께 바치니 부처님이 제도해 주실 것이다.

백 선생님은 금강산에서 수행하던 때부터 동국대학교 총장을 그만 두신 후 한동안까지 대방광불화엄경을 일심으로 독송하는 법을 수행하시고 가르치셨다. 그래서 불교학논문집에 실린 논문에서 김영수 교수는 백 선생님은 "대방광불화엄경 7자 경제^{經題}를 일심으로 수행한 결과로 해인삼매의 부사의 해탈경계를 증득"하신 것으로 쓰고 있다.

그런데 백 선생님은 금강경 강독도 하고 독송도 병행했지만 1968년을 전후하여 금강경독송을 수행법으로 확정하신 것이다. 금강경독송 수행법은 백 선생님의 젊은 시절 출가수행과 독일 유학에서의 불교연구, 그리고 금강산에서의 수행, 동국대학교 총장 시절 등을 거쳐 완숙한 경지에서 최종적으로 선택한 불교수행법이다. 백 선생님 본인이 직접 수행해 보시고 또 제자들을 가르쳐 본 후 확신을 가지고 세상에 내 놓은 수행법이다.

금강경 공부

백 선생님께서는 나에게도 금강경을 읽으라고 하셨는데 처음에는 엄두가 나지 않았다. 그러나 진정으로 나를 위해 권하시는 것이 느껴져 한 번 해보자는 마음이 생기게 되었다. 불교에서 금강경의 위치와 경의 대의까지 설명해 주시면서 말이다.

그렇게 시작한 금강경 독송을 중도에 그만두지 않은 것은 선생님의 가르침이 실제 생활에서 증명되고 그로 인해 인생이 뭔가 달라지고 있다는 확신이 섰기 때문이었다. 선생님은 경을 읽고 마음공부를 하면 육체적인 변화가 함께 일어난다고 설하셨다. 사람의 세포는 신진대사를 통해 바뀌는데 경을 읽어 부처님을 향하는 마음을 자꾸 연습하면 몸에서 검고 탁한 세포가 빠져나가고 밝고 맑은 세포로 바뀌게 된다는 말씀이었다. 실제로 경을 읽고 나서 거울을 보면 얼굴이 밝고 맑아지는 것을 발견할 수 있었다. 경을 읽는 다른 사람들의 얼굴을 봐도 그랬다.

나는 선생님을 뵙고 난 후 특별한 시기를 빼고는 아내$^{결혼하기\ 전부터}$와 함께 거의 매주 선생님을 소사로 찾아뵈었다. 대학 동문인 정재락·이경숙 씨 부부와 함께 다닌 경우도 많았는데 그들이 해외 근무를 나가 있을 때는 아내와 단 둘이 찾아뵈었다. 우리가 결혼한 것은 1974년이었는데 신혼여행지로 소사를 택하였다. 선생님은 따뜻하게 받아주셨고 우리 부부는 며칠 동안 그곳에서 숙식을 하며 선생님이 주재하시는 새벽법회에 참여하여 법문을 듣는 귀중한 경험을 했다.

선생님을 처음 뵐 때 나는 취업, 결혼, 장래 희망 등 어느 것 하나도 앞이 보이지 않는 가난한 고학생이었다. 나에게 선생님의 법문은 귀중한 삶의 지침이 되었고 적지 않은 경우 우리의 장래에 대한 예언이 되었다. 결혼한 지 얼마 지나지 않아 선생님은 옆에 있는 아내에게 "네가 이제 교수 부인이 되겠구나" 하셨다.

나는 당시 학위과정을 하고 있었으나 교수가 되리라고는 생각지 못하던 시절이었다. 선생님을 뵙고 나서 4년쯤 지나 안정된 직장을 갖게 되었지만 교수직과는 거리가 있었다. 1975년 고려대학교 대학원 박사과정 때 학과 교수 중 한 분이 박정희 대통령의 국제정치담당 특별보좌관으로 임명되자 나를 보좌역으로 발탁해서 대통령비서실에 근무하게 되었던 것이다.

선생님께서 열반하신 후 1983년 나는 비서실에서 나와 인천대학교 정치외교학과 교수가 되었다. 1997년에는 부산 근교에 있는 영산대학교에 총장으로 초빙되어 총장직을 수행했고 총장 임기가 끝난 다음 2008년 정년퇴임 때까지 그곳에서 교수로 봉직하였다. 정년 후에도 2010년 서울디지털대학교 행정학과에 석좌교수로 초빙되어 2017년까지 봉직했다. 선생님께서는 결국 내가 교수직을 평생하리라는 것을 예정해주셨던 것이다.

지금 생각해보면 젊은 시설 막막하게 살던 내가 사회에서 나름의 역할을 할 수 있었던 것은 백 선생님 가르침 덕분이라고 생각한다. 선생님은 금강경 공부를 하면 육체적으로 변화가 오고 재앙이 소멸된다고 하셨다. 인간이 탐貪·진嗔·치痴 3독심三毒心, 즉 욕심내는 마음, 성내는 마음, 어리석은 마음을 계속 연습하면 검은 세포가 늘어나 재앙을 부른다는 것이다.

그런데 부처님의 가장 밝은 지혜를 설하신 금강경을 읽으면 그 밝은 곳을 향하기 때문에 어둡고 컴컴한 재앙을 용납하지 않는다는 것이다. 백 선생님에게 배운 공부가 건강을 지켜주고 재앙을 없애 주어서 내 인생을 크게 후회 없이 살았다고 나는 믿는다.

선생님은 마음공부의 과정을 화엄경의 신해행증信解行證으로 법문해 주셨다. 여기서 믿음信이란 무슨 절대자를 믿는 것이 아니라 부처님의 설하신 이치가 분명히 있음을 믿는 것이고, 이해解는 맹신하지 말고 그 이치를 이해하라는 것이며, 행行은 이를 실제에서 행하는 것이고 증證은 이렇게 행하여 현실에서 그 결과를 증득하는 것이다. 머리로만 아는 것이 아니라 실제에서 이를 증득하니 믿음과 이해는 더 깊어지고 이를 다시 현실에서 증득하여 믿음과 이해가 다시 깊어지는 심화과정이 진행되는 것이다.

선생님이 계실 때는 선생님을 뵙고 나면 내 공부가 얼마나 되었는지 뭐가 잘못되었는지 그때그때 알 수 있었다. 그러나 1981년 선생님이 열반하시니 공부를 점검해주실 분이 계시지 않게 되어 그 허탈감은 말할 수 없었다. 석가모니 부처님이 열반하실 때 제자들이 세상의 눈이 사라졌다고 한탄한 심정을 이해할 수 있을 것 같았다.

선생님의 너무 귀중한 법문들을 들으면서 나는 이를 기록으로 남겨야 한다고 생각했다. 그런데 선생님의 법문을 받아 적거나 기록하는 것은 상상할 수 없는 일이었다. 분위기와 불문율不文律이 그랬다. 그래서 나는 집에 와서 틈틈이 선생님의 말씀을 메모했다.

선생님이 열반하신 수년 후 마침 당시 나와 함께 인천대학교 교수로 재직하던 송재운 교수가 월간 〈불교사상佛敎思想〉의 주간도 맡고 있었는데, 나에게 글을 청탁하였다. 나는 메모를 중심으로 〈불교사상〉 1985년 3월호 및 5월호에 「백성욱 박사를 통한 불교신앙-금강경 독송의 이론과 실제」라는 글을 연재하였다. 또 같은 해 〈석림지釋林誌〉의 원고 요청으로 "白性郁 博士의 佛敎思想에 관한 小考"를 기고하였다.

〈불교사상〉과 〈석림지〉에 실린 글은 백성욱 박사의 법문과 사상을 세상에 소개하는 첫 번째 글이었다. 그래서 그런지 환희심을 내어 읽는 사람들이 꽤 있었던 것 같다. 그 중 나의 오랜 친구이며 도반인 김양경 사장이 이 글을 모아 소책자로 만들었고 이건호 거사가 운영하던 불교출판사 〈보림사〉에서 첫 출간되었다. 그 뒤 여러 출판사를 거쳐 오늘의 《금강경 독송의 이론과 실제》(백성욱연구원, 2019년)라는 책이 된 것이다. 이 책의 기본은 〈불교사상〉과 〈석림지〉에 실린 글이었고 그 뒤 한 두 개의 글이 추가되었다. 내가 백 선생님에게 배운 공부이야기는 이 책에 그대로 수록되었다. 2013년에는 금강경 해설을 곁들인 《금깅경 공부하기》라는 책을 내기도 했다.

대승의 마음

나는 원래 자의식이 강하고 소심한 성격이라고 스스로 생각해 왔다. 백 선생님은 그런 내가 자의식을 극복하고 적극성을 가지도록 키워주셨다. 백 선생님은 세계를 주관과 객관으로 구분해 본다면 먼저 주관이 변화해야 한다고 일러주셨다. 소승과 대승을 구별해 주시면서 하신 가르침이다.

사람은 우선 자기 자신부터 변해야 되니 자기를 다스리는 공부를 해야 한다. 그런데 소승적인 사람은 자기만의 해탈을 구하여 산속에서 고요히 앉아 있으면서 세계와 우주와는 끊고 살려고 한다. 그러나 백 선생님은 마음 안팎에서 부딪쳐 오는 모든 것들은 다 중생심이니 내 것, 네 것 가리지 말고 부처님께 바치면 다 제도된다고 일러주셨다.

옛날에는 혼자 탐·진·치^{욕심내는 마음, 성내는 마음, 어리석은 마음}를 끊어 해결하려고 했지만 우주는 전체가 연결되어 있어 혼자만 탐·진·치 끊는다고 해결되지 않는다. 그러므로 달팽이 같이 자기 속으로 움츠려들 것이 아니라 내 마음, 네 마음 따질 것 없이 모든 중생심을 부처님께 바치면 부처님이 제도해 주신다. 그래서 대승이라고 말씀하셨다.

대승의 덕목으로 금강경은 보시, 지계, 인욕, 정진, 선정, 지혜 등 6바라밀을 행하라고 설한다. 보시는 제일바라밀로서 받는 마음을 주는 마음으로 바꾸기 때문에 쌓인 업보와 재앙을 해결하는 공부다. 백 선생님은 대승의 마음은 자기만의 구원을 추구하는 것이 아니라 처음부터 나와 세계의 문제들을 함께 해결하려는 자세를 가져야 한다고 하셨다. 그러면 자신의 문제가 저절로 해결된다는 것이다. 남의 문제, 세계의 문제를 내 문제로 받아들여 함께 해결하고 구해주려고 하면 결국 자기문제가 해결되고 구원을 받게 된다는 것이다. 화내는 마음이 생기면 얼른 바치지만 남이 화를 내는 것을 보아도 얼른 바치라고 하셨다. 내 마음이 쉬게 되면 상대방도 쉬게 되는 것을 알게 된다. 선생님은 그런 이치를 세조(世祖)와 문수동자의 이야기 등 여러 가지 사례를 들어 이야기해주셨다.

어린 조카 단종의 왕위를 찬탈하고 죽인 수양대군 세조는 천벌을 받았는지 온 몸에 부스럼이 생겨 유명한 온천에서 목욕을 하곤 했는데 하루는 오대산 계곡에서 다른 사람들이 부스럼 난 왕의 모습을 못 보도록 장막을 치고 보초를 세워 놓고 목욕을 하고 있었다. 그런데 어디선가 어린 동자가 나타나 대왕의 등을 씻겨주는데 그렇게 시원할 수 없었다고 한다. 목욕이 끝난 후 세조는 그 동자가 밖에 나가면 해를 입을 것 같아 그를 구해주려고 "너 밖에 나가면 왕을 봤다고 하지 말거라" 했더니 동자는 웃으면서 "대왕께서는 문수동자를 봤다 하지 마십시오" 하더라는 것이다. 대왕은 그 후 신기하게도 부스럼이 나았다고 한다. 오대산 상원사 문수동자상에 얽힌 이야기다.

이런 가르침들은 세상과 더불어 살면서 내가 어떻게 해야 할지를 일러주신 것이다. 다 실천하지는 못하더라도 그 방향으로 살려고 노력하다 보니 세상을 사는데 자신이 생기는 것 같았다. 내가 세상을 살면서 나에게 주어진 어떤 어려운 일도 회피하지 않고 해낼 수 있었던 것도 부처님께 바치면 다 해결해 주신다는 믿음, 그런 믿음을 백 선생님으로부터 전해 받았기 때문이었던 것 같다.

선생님은 "끊는다", "그만 둔다"라는 말을 하지 말라 하셨다. 백 선생님이 일러주신 탐진치貪嗔痴 삼독심을 다스리는 방법은 어디서도 들을 수 없는 실천적인 가르침이었다. 탐내는 마음, 즉 탐심을 옛날에는 끊으라고 말하는데 선생님은 깨치라고 가르치셨다. 인간이 이 세상에서 살려면 필요한 것이 있으니 그걸 다 끊으라고 할 수는 없다. 자기에게 어느 정도가 알맞은 것인지를 깨쳐서 그만큼만 취하는 것이 답이다. 그래서 탐심은 깨쳐야 한다.

다음으로 진심, 즉 성내는 마음은 흔히들 참으라고 하는데 일어나는 성질을 꾹 눌러 참으면 속병이 나거나 한꺼번에 폭발하여 문제가 커질 수 있다. 따라서 성내는 마음은 참아서 쌓아 둘 것이 아니라 "부처님!"하며 마음에 대고 바치라는 것이 백 선생님의 가르침이다. 화내는 마음에 대고 그냥 "미륵존여래불"하면 된다는 것이다.

그리고 치심, 즉 어리석은 마음은 자꾸만 닦아야 한다. 가장 어리석은 마음은 자기가 잘났다는 마음이다. 제 잘난 마음이 꽉 찬 것을 스스로는 모르니 자기를 나무라는 사람에게 절할 줄 알아야 한다고 하셨다.

백 선생님은 기회 있을 때마다 우리나라의 역사와 세계정세에 대해서도 말씀해 주셨고 한국인의 씩씩한 기상과 통일의 미래에 관해서도 법문해 주셨다. 백 선생님은 한국의 미래가 암담할 때 이승만 박사의 정치적 식견과 지혜를 알아보고 그를 도와 대한민국을 건국하는 데 크게 공헌하셨고 내무장관이나 광업진흥공사 사장, 그리고 동국대학교 총장을 하실 때 언제나 공익을 우선시 하시고 일의 성취를 위하여 최선을 다하셨다.

소원은 어떻게 이루어지는가

선생님은 경을 읽고 자기가 바라는 바를 원願을 세워서 정진精進하면 시간이 빠르고 더디고의 차이는 있어도 원이 이루어진다는 이치를 말씀해 주셨다. 선생님은 나를 비롯해서 사람들을 대하면 늘 원을 세워주신다.

"제도하시는 영산교주 서가모니불釋迦牟尼佛 시봉 잘하겠습니다. 용화교주 미륵존여래불 공경을, 이 사람들이 다 각각 무시겁無始劫으로부터 지은 업보업장을 해탈 탈겁하여 모든 재앙을 소멸하고 소원을 성취해서 부처님 시봉, 밝은 날과 같이 복 많이 짓기 발원"하셨고, 공양을 받으실 때도 "이 물건 주는 사람 받는 사람들이 부처님 전에 복 많이 짓기 발원"하셨다.

자기가 원하는 바를 부처님께 어떻게 기원^{祈願}하고 성취해 나갈 것인가를 일러주신 것이다. 나는 선생님의 발원문을 따라 했고 그때그때 상황에 따라 나의 소원을 발원했다. 금강경을 잘 읽고 싶을 때는 "모든 중생들이 금강경을 잘 읽어서 부처님 잘 모시기 발원" 또는 "모든 중생들이 부처님께 복 많이 짓기 발원"하는 것이다.

나는 선생님에게 배운 이런 이치를 기반으로 2013년 《소원은 어떻게 이루어지는가》라는 책을 저술하여 출간하였다. "선생님에게 배운 그런 수행이 삶에 실제로 도움이 되는 사실을 어떻게 과학적으로 설명할 수 있을까?"라는 질문의 답을 하고 싶어서였다. 선생님의 가르침대로 수행을 하며 내가 원하는 바가 이루어짐은 물론 그야말로 기적처럼 수많은 삶의 장애물을 넘어서는 체험을 하면서 나의 마음에는 항상 그런 문제의식을 가지고 있었기 때문이다.

선생님이 열반하신 후 1990년대 이후부터 본격적으로 전개된 신과학 운동을 접하게 되면서 나는 백 선생님께서 가르치신 바가 과학적인 소원성취의 방법이자 오히려 시대를 앞서간 혜안이었음을 깨닫게 되었다. 물론 선생님의 가르침이 신과학운동과 일치하는 것은 아니다. 그러나 소원성취에는 정말로 과학적이고 객관적인 법칙이 존재했던 것이다. 우리 삶의 목적이자 궁극적인 행복은 올바른 소원을 세우는 삶에 있으며 그런 소원은 이루어질 수밖에 없음을 나는 선생님에게 배웠다.

불교의 목적을 일반적으로 중생을 성취시키고^{成就衆生} 불국토를 청정하게 하는 것^{淨佛國土}이라 한다. 중생을 성취시킨다는 것은 각각의 중생들이 자신들의 진정한 소원이 무엇인가를 깨닫게 하여 이를 성취시키는 것이며 궁극적으로는 중생을 완전한 인격체인 부처님 같이 되도록 도와주는 일이 아니겠는가?

백성욱 박사께서는 신과학 운동이 일어나기 오래전에 이미 경험에만 의존하고 기계론적인 근대과학의 한계를 알고 있었다. 이성만으로 또는 경험만으로 진리를 알 수 없다는 점을 역설하였으며 경험만이 아니고 이성만도 아닌 종합적 직각을 강조하셨다. 소위 도인의 경지에 있는 분들이 내리는 판단은 경험만이 아니라 직관을 결합한 바로 그런 판단이란 지적이셨다.

백 선생님은 칸트$^{Immanuel\ Kant}$를 인용하시면서 수학을 통해 새로운 발견을 하는 경우를 예로 드셨다. 7 + 5 = 12라는 수식의 경우를 볼 때 12라는 숫자는 7이나 5를 아무리 분석해도 나올 수 없는, 직각에서 나온 종합적 판단이라는 것이다. 오늘날 양자역학이나 우주물리학 또는 상대성이론 등 첨단 과학에서 수학은 매우 중요한 역할을 하고 있다. 특수상대성 이론이 $E = mc^2$라는 수학방정식으로 표시되듯이 말이다.

근대과학은 경험적으로 증명할 수 없는 것을 미신이나 신비로 치부하였다. 그러나 상대성 이론, 양자역학 카오스이론, 시스템이론 등 새로운 과학의 등장으로 그들 중 일부는 과학적 위치를 찾을 수 있게 된 것이다. 물론 신과학운동은 후에 포스트모더니즘으로 발전하면서 비과학적인 견해를 합리화하는 유사과학이라고 비판받기도 했다. 그러나 근대과학의 기계론적 사고방식을 비판하고 생명에 대한 근원적인 이해를 추구하는 초기 신과학운동의 주장은 아직도 우리 시대가 당면한 지적 과제임에 틀림없다.

백 선생님은 또 현대 물리학과 양자역학, 그리고 천문학의 발견을 자료로 인류의 정신생활, 법률생활^{정치생활}, 경제생활 등의 원리를 도출하여 인류를 행복으로 이끄는 원리를 제시하였다. 〈대입소^{大入小}의 일리^{一理}〉(백성욱 1960, 99-144)와 〈대우^{大宇}의 생적 준칙^{生的準則}과 인류의 생적 준칙〉(백성욱 1960, 183-190)이라는 논문 등이 그것이다.

우주의 원리를 인간 행복의 준칙으로 활용하자는 발상이다. 백성욱 박사는 인도의 불교철학자 아스바고샤^{마명 馬鳴}의 철학을 크게 평가하셨다. 그는 당시 이미 우주의 원리를 깨치고 이를 인류생활에 활용하였던 것이다. 그리고 이를 동아시아에서 제대로 이해한 사람은 신라의 원효라고 하셨으며 총장 시절 대학원에서 원효의 《금강삼매경론》을 강의하셨다.

선생님은 서양 철학자 중에서 칸트를 상당한 정도로 깨친 사람으로 평가하여 그를 자주 인용하셨다. 앞에서 인용한 그의 직각적 종합판단의 이론이나 그의 산책을 보고 다른 사람들이 시간을 맞출 정도로 규칙적인 생활을 한 점, 그리고 관찰력과 예지력 등을 높이 평가하셨다.

칸트가 젊었을 때 친구와 함께 산책을 하고 있는데 어떤 사람이 갑자기 식칼을 들고 칸트에게 달려들은 이야기도 그 중 하나다. 동행자는 놀라서 피했으나 칸트는 조용히 칼을 든 사람에게 "오늘은 금요일이요" 했더니 그는 갑자기 공손히 절을 하면서 "선생님 실례했습니다" 하고 물러갔다고 한다.

달아났던 친구가 돌아와 그 연유를 물은 즉 칸트는 "놀라울 것 없네. 그 사람은 푸줏간 주인인데, 나를 갑자기 소로 착각해서 칼을 들고 쫓아온 거야. 그런데 내가 오늘이 금요일이라고 일러 주니까 무육일^{금요일은 살생을 안 하는 날}임을 알고 제정신을 찾은 것이지" 하고 대답했다고 한다.

그렇게 밝았던 칸트도 임종할 때는 사과와 달걀을 구별하지 못할 정도로^{동일한 원으로 보였기 때문에} 정신이 혼미했다고 한다. 자기가 깨달은 것을 바치지 못하고 열두 개의 주머니^{12범주를 뜻함}에 넣었기 때문에 다시 캄캄해졌다는 것이다.

칸트의 예를 들면서 백 선생님은 "공부하다가 뭐 좀 알았다고 해서 '이것이로구나, 이만하면 되었다'고 생각하여 그것을 붙잡으려 하면 안 된다"고 하셨다. 그럴수록 "바쳐야 한다"는 것이다.

《소원은 어떻게 이루어지는가》에서 선생님이 말씀해 주신 소원성취에 관한 법문을 공명^{共鳴}의 원리를 기본으로 설명하였다. 금강경을 읽고 미륵존여래불을 불러 부처님의 밝은 정신과 나를 일치시키려는 수행방법이 주파수를 맞추어 발신자와 소통하고 공명하는 방법과 같다고 보았기 때문이다. 여기에 양자역학, 불확정성의 원리, 카오스 이론 등을 적용하여 소원이 어떻게 이루어지는 가를 탐구하였다.

이 책은 나의 체험과 역사적 실례 및 고대로부터 현대에까지 동서양에서 발견되고 정립된 자연과학과 정신과학의 이론들과 사례들을 중심으로 소원은 어떻게 성취되는지를 탐구한 저작이다. 왜 어떤 원은 이루어지기 어렵고 어떤 원은 이루어지는가, 그리고 어떤 원리에 의해서 소원이 이루어지는가를 연구한 것이며, 기복신앙의 차원을 벗어나 소원이 이루어질 수 있는 과학적인 방법을 탐구한 것이다.

나는 백 선생님의 모습과 가르침에서 이성적 호소력과 함께 신비로움을 느꼈다. 무슨 이적을 행해서가 아니다. 부처님에 대한 무한한 신뢰와 공경심을 가지고 자신의 삶의 준칙을 우주의 진리와 일치시키며 살려고 하는 인격을 대하면서 느끼는 신비로움이다. 부처님의 제자들이 부처님을 뵙고 느꼈던 감정이 그런 것이 아니었을까 하는 생각도 해 본다. 세기의 천재라는 아인슈타인이 남긴 다음의 말이 이런 마음을 가장 잘 설명해 주는 것 같다.

"인간이 느낄 수 있는 가장 심오한 감정은 신비에 대한 느낌이다. 이는 모든 진정한 예술과 과학의 힘이다 The most beautiful thing we can experience is the mysterious. It is the source of all true art and science."

"우리 삶의 목적이자 궁극적인 행복은
올바른 소원을 세우는 삶에 있으며
그런 소원은 이루어질 수밖에 없음을
나는 선생님께 배웠다."

❀백 선생님과 함께한 일요일

류주형(전 동국대 총동창회장)

점심때마다 받은 천만불짜리 인생수업

"소크라테스와 점심식사를 할 수 있다면 애플이 가진 모든 기술을 주겠다."

스티브 잡스가 애플을 세계적인 기업으로 키워낸 비결에 대해 이야기하며 한 말이다. 애플이 혁신적인 디자인과 기술의 결합을 이뤄낸 데는 잡스의 인문학적 통찰이 주효했다고 알려져 있다. 실제로 잡스는 대단한 인문학 광으로 유명하다. 그의 인문고전에 대한 사랑이 '소크라테스와의 점심'이란 비유에 녹아 있는 셈이다. 서양 2000년 철학이 모두 플라톤의 각주에 불과하다고 하는데 그 유명한 플라톤의 스승이 바로 소크라테스다. 뭐든 독학으로 공부했다는 잡스지만 서양 철학의 뿌리인 소크라테스만큼은 어떻게든 만나 궁금한 것들을 물어보고 싶었나보다. 수년 전 영면에 든 잡스가 저 세상에서는 소크라테스를 만나 그 소원을 풀었을까?

물감을 뿌린 듯 파란 가을 하늘을 보며, 꼭 이맘때 교정에 앉아 점심 식사를 함께 했던 나의 소크라테스, 백성욱 총장님을 생각한다. 서양에 소크라테스가 있다면 동양엔 백 총장님이 계셨다고 감히 말할 수 있을 만큼 나에게 백 총장님은 영원한 소크라테스이자 내 인생의 롤 모델이셨고 떠올릴 때마다 마음속 깊이 존경과 감사로 충만해지는 스승님이시다.

잡스는 소크라테스와 점심 한번 먹어보는 게 소원이라고 하는데 나는 무슨 복이 많았는지 총장님과 수많은 점심식사를 함께 했다. 점심시간마다 총장님은 점심을 드시고 나는 그 앞에 앉아 이런저런 이야기를 들었다. 카네기 인간관계론처럼 처세에 대한 이야기를 해주실 때도 있고, 할아버지가 손주를 대하듯 시시콜콜한 우스개 이야기도 많이 해주셨는데 시간 가는 줄을 모르고 빠져들었다. 지금도 기억이 나는 일화 하나는 일요일마다 텅 빈 학교에 총장님이 평소와 같이 출근하셔서 이곳저곳 손볼 곳 많은 교정을 시찰하고 다니시던 모습이다. 1956년 당시 총장님의 권유로 얼떨결에 학도호국단 총학생회장직을 맡아 하던 나는 왜 평소에도 일을 많이 하시는 총장님이 일요일에도 쉬질 않고 학교에 나오시나 궁금해 묻기도 여러 번, 돌아오는 대답은 한결 같았다.

"이 큰집을 누가 한 사람이라도 지켜야하질 않니."

현 미국 대통령인 트럼프가 부동산 사업가로 이름을 날릴 때 그가 소유한 건물을 자주 돌아보며 정문 주위 인도 부분의 흠집 하나라도 발견하면 바로 매니저를 불러 왜 이런 연석을 썼는지에 대한 잔소리를 늘어놓고 시정약속을 받아 냈다고 한다. 트럼프는 잠도 네 시간만 자며 회사의 모든 시시콜콜한 계약에 관여하는 걸로 유명하단다. 총 수억 달러에 이르는 파트너십 협상부터 한 납품업자와의 골프 클럽에 놓을 가구 가격 흥정에 이르기까지 트럼프는 끈질기게 거래를 즐기는 인물로, 골프 클럽을 관리할 때도 나무 하나, 벙커 구멍 하나하나까지 다 기억하며 어느 곳에 어떤 나무가 있으면 좋겠다고 이야기할 정도라는데 백 총장님이야말로 트럼프 뺨치게 세세한 부분까지 신경을 쓰고 정성을 다하시는 분이었다.

그러고 보면 이승만 박사도 대통령 시절 경무대 집무실에서 손수 타자를 치는 등 사소한 일 하나까지도 손수 챙기는 대통령으로 유명했고 박정희 대통령의 경우도 수많은 보고서를 한 글자도 놓치지 않고 읽으며 의문스러운 부분은 밑줄을 긋고 깨알 같은 글씨로 "재확인", "구체적으로 다시 보고할 것", "나는 ~한 의견인데 참고 바람"등의 의견을 달며, 잘된 보고에 대해서는 "무척 고생했음", "잘된 보고"라고 명시했다는 일화가 있다.

모든 분야에서 남달리 훌륭한 업적을 이뤄낸 분들의 공통점은 뭐 하나 허투루 넘어가는 게 없었다는 데 있는 것 같다. 총장, 이사장, 동창회장 등 삼권을 쥐신 무소불위의 독재자이자 학교의 왕이었던 백총장님의 본모습도 사실 이런 것이었다. 6.25 전쟁 통에 학교 사정이 말이 아니었을 때라 강의실이라고는 판자집이나 낡은 절간 같은 건물이 다였고 학적부도 제대로 정리되어 있지 않아 입학과 졸업장이 팔려나가는 비리도 심심치 않았던 시절이었다. 백총장님은 이런 상황에서 학교의 구세주같은 존재로 자리매김 하셨는데 그 비결이 바로 모든 면에서 솔선수범하며 철저한 관리감독을 하신 데 있었다.

학교의 우두머리라고 해서 높은 자리에 올라 내려다 볼 줄만 아는 리더가 아니셨다. 조그만 비리라도 생기면 직원이던 교수든 일벌백계주의로 엄벌을 하셨고 낡아 허물어진 절간 같은 건물들을 철거하고 석조건물과 도서관 그리고 사무처가 들어서도록 앞장서 진두지휘를 하셨다. 허름한 반코트에 캡을 눌러 쓰시고는 새벽부터 밤늦게까지 신축 건설 현장을 직접 다니시며 무엇 하나 허투루 지나치지 않고 일일이 점검하셨다. 느리거나 못마땅한 구석을 발견하면 곧바로 담당자를 불러 현장에서 호통을 치셨으니 누구나 긴장하며 최선을 다할 수밖에 없었다. 반면에 교수진과 학생들에게는 그 누구보다 자상하고 성심을 다해 살피고 지원하는 든든한 후원군 역할을 해주셨다.

백 총장님이 교수들에게 극진히 대하고 처우를 개선하는데 최선을 다하신 감동적인 일화들이 많은데 나의 경우는 농과대학생이라 농장이 필요했지만 당시 학교 사정상 준비가 되지 않아 실습을 못하고 다니던 시절이 있었다. 학교 측 눈치만보다 참다못해 총장실에 가서 이런 사정을 설명하니 선뜻 태릉에 농장을 사주셨다. 그때 부지 선택을 잘 해주신 덕에 나중에 그 땅값이 크게 올라 그걸 팔았을 때 재단에 큰 도움이 되기도 했다.

앉아서 천 리, 서서 만 리를 본다

"섬유는 이제 기우는 세상인데 그래도 거기 있어라."

백 총장님이 동국대학교 총장직에서 물러나 소사에 계실 때 일이었다. 당시 충남방직 상무로 재직 중이던 내가 인사차 찾아뵀을 때 예언이자 조언으로 해주신 말씀이다. 총장님 말씀처럼 내가 한창 일할 때만 해도 우리나라 수출의 일등공신이었던 섬유업이 세월이 흐름에 따라 언제 그랬냐는 듯 기우는 산업이 됐다. 총장님은 종종 예언 같은 말씀을 잘하셨는데 워낙 앞서가는 이야기를 하셔서 들을 때는 그런가 하고 고개를 갸웃했던 일들이 시간이 지나고 보면 족집게같이 들어맞아서 신기했던 경험이 많다.

옛말에 도인은 앉아서 천 리, 서서 만 리를 본다고 하는데 총장님이야말로 다방면에서 그런 면모를 많이 보여주셨다. 한 예로 동국대학교 하면 유명했던 것이 당시로서는 최고급 사양을 갖춘 화장실이었다. 총장님께서는 동국대 교사 중에서 화장실을 아주 크고 멋있게 지으라고 하셨단다. 사람들이 의아해하자 어느 건물이든 화장실이 잘되어 있으면 본건물이 그에 걸맞게 잘 짓게 되지 않느냐 하셨다. 그래서 동대 화장실이 당시 보기 드물게 잘 지어졌다. 그때는 정화조 개념도 없던 시절인데 동대 화장실은 경사가 지게 만들어져서 냄새가 안 났다.

웬만한 인쇄소는 명함도 못 내밀만한 초현대식 인쇄기를 갖춘 우리나라 최초의 대학이 동국대였던 것도 총장님의 결단 덕분이었다. 1950년대 우리나라에는 아직 4색 인쇄기가 보급되지 않던 시절이었다. 총장님은 그걸 서독에서 도입해 보통 인쇄소도 아닌 선진적 인쇄소를 만드셨다. 신문방송반 학생들이 직접 신문을 만들게 하기 위함도 있었고 그만큼 출판물의 제작과 보급의 중요성을 일찌감치 깨닫고 실행에 옮기셨던 셈이다. 당시 총장님 덕분에 모든 교내 전화기도 독일제를 썼던 기억이 난다.

내가 몸담았던 농림대학에 식품공학과가 우리나라에서 거의 최초로 신설돼 역사와 전통을 자랑하는 동국대 간판 학과로 성장하게 된 것도 총장님의 혜안에서 비롯된 산물이었다. 당시만 해도 우리 먹거리를 연구하고 품질을 향상시킨다는 개념 자체가 없던 시절이었는데 동국대 식품공학과는 산업대, 공대 쪽에서 우리나라 과학기술 발전의 가교 역할을 톡톡히 했다. 세상만사가 다 먹고 사는 일인 만큼 농림대와 식품공학과의 협업이 대학에서부터 원활히 이루어져 수많은 인재를 양성해 낸 것이 오늘날까지 식품공학과하면 동국대학교를 손꼽는 자부심의 근간이 됐다고 볼 수 있다.

총장님은 그렇게 시대를 앞서가는 혜안을 가진 분이였고 그 판단은 시대를 넘어 적중했다. 나도 평생을 사업가로 살면서 위기에 처할 때마다 총장님이라면 어떻게 하셨을까를 생각하며 마음을 가다듬었던 적이 많았다. 무에서 유를 창조하신 분, 시대를 앞서가는 혜안으로 우리가 왜 살아야 하는지, 어떻게 일해야 하는지 그리고 우리 모두가 어떤 존재들인지에 대한 해답을 행동과 결과로 보여주신 분이 바로 총장님이셨다.

비구승도 대처승도 아니다

"내가 언제 비구승 아니면 대처승이라 했느냐? 내가 머리 깎은 게 뭐가 잘못이냐?"

한번은 총장님이 잡지 기자들이 다 몰려와서 비구승이냐 대처승이냐 문제로 시끄러울 때 이렇게 일갈하신 적이 있다. 어떻게든 총장님 망신을 주려고 달려들었던 기자들이 이 한마디에 반박을 못하고 머쓱해져 다시는 찾아오지 않았다. 당시 만해 한용운 스님이나 김법린 스님 등 일본에서 공부하고 온 분들이 대처승이 된 경우가 많았다. 총장님도 스님으로 출가하셨지만 독일 유학 후 금강산 수행을 거치면서 환속하신 터라 비구승이냐 대처승이냐는 문제가 되지 않았다. 실제로 총장님은 재가다, 출가다 하는 관념을 가지고 말씀하신 게 없었다.

불교운동책을 봐도 기본이 비구이지만 대처를 뭐라 하지는 않는다. 그냥 다 같이 사는 것으로 보고 있다. 불교학자로 유명한 이종익 박사

같은 분도 출가 후 일본유학을 거치면서 환속한 분으로 총장님과도 친분이 두터웠다. 이렇게 1세대 불교학자나 불교 근대화에 힘썼던 쟁쟁한 인물들은 비구승이냐 대처승이냐의 형식보다는 가르침과 수행이라는 본질에 집중했다는 공통점을 가지고 있었다.

실례로 티베트 스님들은 수행을 잘하기로 유명한데 고기를 먹는다. 티베트의 기후와 환경이 고기를 먹지 않으면 생존이 불가능한 수준이기 때문에 고기를 먹도록 허용했다고 한다. 출가자는 절대로 육식을 해서는 안 된다는 규율에만 얽매였다면 티베트같이 척박한 환경을 가진 나라에서는 불교가 아이에 사라졌을지도 모른다. 티베트 사례만 놓고 봐도 고기를 먹는 것과 종교적 수행은 별개의 문제임을 알 수 있는데도 우리는 달라이 라마같이 도가 높은 스님은 존경하면서도 육식을 하는 승려에 대해서는 눈살을 찌푸리며 종교의 본질을 보지 못하는 경우가 많다.

육식을 금한다던지 결혼은 안 된다고 하는 것 등 형식은 사실 정치적인 이유에서 발생한 경우가 많다. 예를 들어 몽골은 청나라에 의해 의도적으로 불교 국가가 되었는데 몽골인들이 제국 시대의 강성함을 회복하지 못하도록 인구와 전쟁 인력을 줄이고 호전적 사고방식을 유순하게 만들려는 목적이 있었다고 한다. 승려에게는 각종 혜택을 주면서 장남을 제외하고는 승려로 입적시키도록 유도했다. 승려가 되면 채식을 해야 하고 결혼을 못하게 되어 자연스럽게 인구가 줄어들었고 그렇게 몽골의 국력이 쇠퇴하게 됐다는 것이다. 아주 극단적인 사례이긴 하지만 종교의 본질을 보지 못하고 형식만이 강조될 때 오는 폐단을 잘 보여주는 역사적 교훈이 아닐 수 없다.

내 경우엔 신실한 불교신자까지는 못되지만 총장님을 따라 대방광불화엄경 염송을 시작했다가 후에 총장님이 미륵존여래불 염송으로 바꿔라 하셔서 따라 부르곤 했다. 절에 꼬박꼬박 나가고 스님들 법문을 따르는 형식보다는 이렇게 간단하고 핵심적인 가르침을 주셔서 좋았다. 복잡한 머리를 맑게 해주는 미륵존여래불 염송은 내 인생에 굉장한 영향력으로 작용했고 바른 판단이 필요할 때 큰 도움이 됐다.

지난해 2019년을 기점으로 백성욱연구원이 설립돼 총장님의 생애와 업적을 연구하고 이를 널리 알리는 일을 한다니 지나온 세월은 물론 총장님과의 추억이 떠올라 감회가 새롭다. 몇 달 전에는 총장님을 기억하는 제자들이 모여 조촐한 좌담회를 갖기도 했다. 새파란 청년시절에 만나 이제는 은발의 노신사가 된 제자들 모두가 총장님의 가피 덕분인지 사회에서 한 몫을 단단히 해낸 주요 인물들로 성장해 이제는 그 시절의 총장님보다 더 나이가 들어 있음에 만감이 교차했다.

총장님에 대한 존경과 사랑은 수십 년이 지난 지금도 변한 게 없이 더 깊어졌다는 공통점을 발견했고 더 늦기 전에 우리의 소중한 기억이 이렇게 한 권의 책으로 세상에 나오게 됐다는 뿌듯함에 행복한 마음이다. 부디 앞으로도 백성욱연구원이 내가 총장님께 배운 삶의 지혜와 혜안만큼 밝고 빛나는 가르침을 세상에 펼쳐 내는 소통과 교류의 장으로써 활약해 주기를 기원한다.

"이 큰집을 누구 한 사람이라도 지켜야하질 않니."

대원경상절친소 大圓鏡上絶親疎

이종찬(동국대 명예교수)

평생 잊지 못할 네 분의 스승님

석양을 바라보는 그림자가 도깨비처럼 뒷전으로 길어지듯이 나이 들면 지나간 세월의 길이만 생각이 난다. 정신이 흐려져 가는 노인이 근자의 일은 기억이 잘 안 나도 어린 시절의 기억은 또렷하다 함도 어쩌면 이러한 석양볕의 그림자 효과가 아닐까 하는 생각이 든다.

필자가 직업의 현장을 떠난 지도 20여년이 되다 보니 어린 시절의 기억에 새삼 혼자 미소 지을 때가 있지만, 어린 시절을 그리 즐겁게 보낸 기억이 없어 누구에게 내놓을 만한 꺼리는 없다. 오늘 아침 동문 송재운 교수와 대화를 나누다가 동국대학교 전 총장이신 백성욱 박사의 이야기를 하게 되어 불연 듯 대학생활의 애환이 떠올랐다.

필자는 어려서 배움의 길도 굴곡이 많이 우리밀두 모르고 왜말이 우리말로 알다가 광복의 기쁨에 들떠 아버지가 펼쳐주신 한적$^{漢籍, 언문\ 한자도\ 없}$에만 매몰되어, 사랑방이 배움터이고 안방이 쉼터인 생활을 수년간 했다. 그러다 스무 살이 넘어 신학문으로 궤도 수정을 하였으니 방랑 아닌 방황의 청소년기였다.

그래저래 당시로서는 국내 일류라는 동국대학 국문과를 들어와 보니, 가건물 일색인 외관에 비해 학문 열기는 가히 상아탑^{象牙塔}이었다. 이때 나는 평생 잊지 못하는 네 분의 천재적 스승을 만났음이 교직생활 동안 시종 자부심을 갖게 하였다. 그분들이 바로 양주동 선생님, 황의돈 선생님, 권상노 선생님 그리고 백성욱 선생님이다.

양주동 선생님의 동서고금에 막힘없는 강의는 항시 강의실이 부족해서 일찍 뛰어 들어야 자리를 차지하는 처지였다. 한 글자 한 구절에 내력이 없는 것이 없이 고증을 하셨으니, 필자의 교직생활에 초석을 다져 주셨다.

황의돈 선생님의 국사 강의실은 이백 명 가량을 수용하는 강의실이 빈자리가 없을 지경인데, 빛바랜 노트 한 권을 들고 오셔서는 원전을 외워 고증하시는 해박하심이 듣는 이의 귀를 의심케 하였다. 아직도 잊히지 않는 황 선생님의 말씀이 하나 있다.

어려서 외가 집에 갔다 오니 어머니께서 외가집 근처 역사적 고적을 다녀왔느냐는 물음에 다녀오지 않았다 하니 배우는 아이가 그런 명승지를 지나침이 말이 되느냐 하시어 다시 되돌아가 그 명승지를 살피고 오셨단다.

그런 자세가 오늘 내가 역사를 전공하게 된 시발점이 되었다 하셨으니, 이렇게 시작된 선생의 고증적 학문 자세가 나의 원전 해독에 큰 지침이 되었다.

권상노 선생님은 대학원 시절 한 달에 한 번 댁으로 찾아뵈면 당시 팔순이 넘은 고령에 시력이 안 좋아 확대경으로 원고를 쓰시고 계신 모습이 제자들의 태만을 무언으로 질책하시었고, 그 원전의 고증적 해박하심은 이러한 근면 각고의 자세에서 우러나옴을 알게 하였다.

백성욱 선생님은 직접 사제의 연을 맺은 것은 아니지만, 당시 총장님으로 월요 특강을 강당에서 매주 하셨는데, 교양에 너무 도움이 되는 말씀이라 거르지 않고 들었다. 아직도 기억에 새로운 이야기들은 다음과 같다.

"공부는 왜 하는 것이냐 하면 '골통'을 맑히려고 하는 것이다. 골통이 맑지 못하면 제 스스로에 얽매여 한치 앞도 못 본다"면서 사례를 드셨다. 만주사변 당시 일본군은 적의 포로를 사형 시키려고 포로 수 열 명에 간수 한 명을 붙였다고 한다. 이 한 명의 간수는 포로 열 명을 일렬횡대로 세워 놓고 총살을 시키는데, 그 중에서 두 명의 포로를 빼어 살려 놓는다. 그리고 우선 먼저 여덟 명을 사살하고 이 살려 놓은 두 명의 포로로 하여금 삽으로 죽은 여덟 명 포로의 시신을 묻게 한다. 그런 다음 간수는 그들 두 명중 한 명만 다시 총살하고, 나머지 한 명의 포로에게 또 그 시신을 묻게 한다. 마지막으로 간수는 한 명 남은 이 포로를 총으로 쏘고, 그 시신 하나만 묻는다. 간수는 열 명의 포로들을 죽였지만 제 손으로 묻는 것은 오로지 한 구의 시체뿐이다.

"골통이 비면 저렇듯 제 스스로가 당한다. 기왕 죽을 몸인데 삽을 쥐었던 두 명 포로가 간수 하나를 상대하여 싸워볼 생각도 못한다"고 하셨다. 또 한 번은 "내가 외국으로 가기 전에 당시의 경성, 지금의 서울 명동 한국은행 앞길을 보고 저놈들이 저의 땅이 아니니까 저렇게 넓게 길을 낸다고 생각했는데 지금 와서 보니 길이 좁지 않느냐. 이런 것이 모두 골통이 맑지 못한 어리석음이다" 하시는데 이 '골통'이란 말이 속되게 들리지가 않고 진지하게 들린 기억이 지금도 새롭다.

백 선생님께 받은 나의 좌우명

나에게는 백 선생님과의 남다른 인연이 또 하나 있다. 총장이면서도 정계에 꿈이 있었던 선생은 기숙사를 설립하고 당신의 선거 인력으로 삼으려는 의도에서 각 지방의 학생을 고루 선발하여 입사시켰는데 필자가 요행히 당첨이 되었던 것이다. 선생님은 당시 학교 안에서 숙식을 하시며 방학시기에는 본관 옥상의 휴게실을 이용하여 〈금강경〉을 강의하시고 원하는 학생을 무료 수강케 하셨다. 나는 대학에 입학하기 전에 <사서삼경>을 읽은 처지라 불교를 이단시하는 소견이 있어 불경을 전혀 몰랐다.

하지만 이것이 나의 전공에도 흠이 되겠다는 생각에서 방학 동안 기숙사에 남아 있으면서 나름대로 백 선생님의 강의를 재미있게 수강 하였다. 그리고 다행히도 그 여력이 뒷날 나의 학문적 진로나 인격적 수양에 많은 도움이 되었던 것이다. 헌데 경전적 내용이나 교리적 이해는 기억나는 것이 없다. 그러나 백 선생님의 금강경 강의 시간에 들은 다음의 주련 한 폭은 잊지 않고 지금도 지인의 부탁에 휘호해 주기도 하며 나의 좌우명이 되었기 여기 새삼 소개한다.

大圓鏡上絶親疎^{대원경상절친소}
크게 둥근 거울 앞에는 친하고 소원함이 없고
平等性中無彼此^{평등성중무피차}
평등의 인성 안에는 이쪽저쪽이 없다.

나는 이 글귀가 누구의 지음인지 출전이 어디인지도 모르지만 삶에 있어서 이런 거울 같은 성품이나 지혜가 유지된다면 얼마나 보람 있는 배움인가 여겨진다.

교리로서야 오지^{五智}의 일부로서 부처님의 지혜를 큰 거울에 비유하여 일체의 현상을 다 비추는 금강지^{金剛智}로서의 대원경지^{大圓鏡智}나, 자타^{自他}가 모두 평등함을 몸소 깨닫는 지혜로서의 평등성지^{平等性智}를 말함이지만, 단순한 교훈적 시구로서의 구성이라 하여도 만고불변의 진리이니 평생 간직해야 할 잠언箴言이다.

내게 진정한 스승이란, 많은 말을 가르치는 선생님이 아니라, 단 한 마디 말로 평생의 길잡이가 되는 가르침을 하는 분이라고 생각해왔다. 교직을 떠난 지금에도 늘 후회스러운 것이 이런 말 한 마디를 남기지 못함이다. 이런 처지에서 위에 제목을 삼은 이 명구로 백성욱 선생님을 스승으로 모심은 물론, 위에 제시한 세 분의 스승님도 진정한 나의 스승님임을 아울러 밝힌다.

"공부는 왜 하는 것이냐 하면 '골통'을 맑히려고 하는 것이다."

백성욱 박사님, 미스터리로 풀다

여해룡(시인, 전 장신대 교수)

동국대학교 총장을 지내신 백성욱$^{1897-1981}$ 박사님은 우리나라 불교학 1호 박사로 내무부 장관을 지낸 스님이셨다. 백 박사님의 불교사상에 대한 연구는 최근 더 활발해지고 있는데 작년에 만해학회에서 〈만해 한용운과 백성욱〉을 주제로 한 세미나가 열리며 그의 사상이 '불교평론'에 소개됐음은 물론 이를 계기로 백성욱연구원이 발족돼 수차례의 크고 작은 세미나가 개최되었고 그 결실 중 하나로 이렇게 백성욱 박사를 기억하는 제자들의 마음이 모여 탄신 123주년 기념 수필집이 나오게 되었다.

그런데 백 박사님의 발자취를 살펴보면 여러 가지 미스터리한 의문점들이 발견된다. 가령 스님이셨다는 설명에는 어디서 누구에게 수계를 받으셨는지, 법명은 무엇이었는지가 알려져 있지가 않다. 다만 1910년 봉국사奉國寺에서 최하옹스님인지는 불분명의 가르침을 받으면서 출가 하였다고 한다. 그런 뒤 1917년에 경성불교중앙학림을 거치면서 1946녀에 동국대학교에 이른다. 이보다 앞선 1919년 3일절 독립만세 운동에 참여했을 것으로 믿어진다.

이어서 유럽 유학을 통해서 불교를 학습했다고 전해질 따름이다. 박사님의 일생은 정치가요 교육행정가로 정리가 되는데, 서울에서 태어나셨고 1903년 호동학교 졸업 뒤 서당에서 학문을 닦았다고 하지만 누구에게 배웠는지도 모른다. 때문에 박사님의 행적에 관심을 가지다 보면 미스터리하다고 할 만큼 여러 가지 의문이 생기지 않을 수가 없다.

중국으로 출국했다는데 이 또한 무엇 때문에 중국으로 떠난 것인지는 현재 까지 밝혀진 바가 없다. 또한 상하이로 간 까닭도 의문이다. 간혹 우남 이승만 박사의 권유로 해외로 향했을 거라는 추측도 있다. 즉 유럽으로 유학길에 올랐다. 여기에 얽힌 또 하나의 설은 1905년 을사조약 시 이 조약 체결에 반대하다가 뜻을 이루지 못하고 비분, 자결한 충정공 민영환의 어머니가 애비 없는 두 손자, 범식, 장식을 백 박사님께 맡겨 돈을 주어 프랑스 유학을 보냈다는 것이다. 이 때가 1921년인데 프랑스 파리에 소재한 보베Beauvais 고등학교에 입학하여 독일어와 라틴어도 공부했다고 전한다. 1922년에 독일의 뷔르츠부르크 대학 철학과에 입학해서

1924년 졸업하고 한해 뒤인 1925년에 <불교순전철학>이라는 논문으로 철학박사 학위를 취득했다고 한다.

1925년에 귀국하여 <불교>지에 학위 논문이 연재되기 시작했는데 본인이 직접 논문을 전하지 않고 우편으로 보냈다는 또 하나의 의문을 남기고 있다. 여기서 김법린 선생을 만났는지는 모르겠지만 그의 저서 《유식이십론》을 참고한 것만은 분명한 것 같다.

백 박사의 논문 논조는 서양 철학을 인용 하면서 붓다와 달마를 독립적으로 다룬 것이 특이하다. 그래서 불교철학의 주관을 정립하면서 불교철학도 형이상학적인 깊이에 접목시켰음이 역력하다고 한다. 분명한 것은 기독교에서 말하는 진리도 우주적이고 철학적으로 다룬 점이다.

예컨대 붓다^{Buddha}에 대한 풀이도 명백히 다루었다. '깨달음'과 '지혜'도 풀이됨을 밝혔다. 그래서 달마에 대한 사상을 명확히 풀어냈다. 이를테면 이 세계의 허공 자체를 붓다가 이미 밝혀낸 것이라 달마의 불성도 이를 받아들였다고 적었다. 그렇지만 형이상학적 철학에선 백 박사의 논리와는 다소 거리가 있음직도 하다.

백 박사는 1926년에 중앙불교전문학교의 교수가 되었지만 두어해 뒤에 사직하고 금강산으로 들어갔다. 10여년이 지나 유럽 유학승의 자긍심으로 금강산을 벗어나 '대광광불화엄경'에 심취되기도 했다. 이후 백 박사는 이승만 박사의 건국운동에 참여함으로 1950년에 내무부 장관에 임명 되었고 그 이듬해에 한국광업진흥주식회사 사장에 발을 들여 놨지만 이내 정치와는 결별 하면서 드디어 1953년 동국대학교 총장에 취임했었다. 이어 동국학원 이사장도 맡았다. 대학 재직 때는 <화엄경>을 비롯 다양한 '불교철학' 강의를 했었다. 이상은 <불교>지에서 읽을 수 있는 내용이다.

동국대를 떠난 뒤에 부천의 소사에다 '백성목장'을 설립하여 '금강경 독송회'를 만들기도 했다. 한때 정치에 참여했지만 한국 최초 유럽 유학승으로 불교학 방법론을 연구하여 후학들에게 강의를 했다는 사실은 백 박사의 으뜸가는 자랑이 아닐 수 없다. 사실 종교를 떠나서라도 백성욱 박사의 철학이념은 높이 평가하는 바이다. 그의 발자취가 미스터리하게 불분명한 점은 물론 있지만 이제 백성욱연구원이 발족됐으니 그동안의 미스터리가 하나하나 풀려나갈 계기가 만들어졌다고 본다. 그 과정에서 후학들이 다루고 있는 그의 불교 사상은 더욱 심층 깊게 재조명 되어야 한다고 믿는 바이다.

동국대 출신 김영진 박사가 발표한 백성욱 박사에 관한 논문들을 참고하여 이 시대에 만해 한용운 선생과의 불교사상도 재정립하였으면 하는 생각도 든다. 필자는 백성욱 박사의 뒤를 이어 역시 총장직을 역임 하셨던 서울의대 출신 김동익 박사님의 권유로 백 박사님에 관한 철학사상 서들을 일독할 수 있게 된 것을 너무 고맙게 여기고 있던 참에 총장님의 칠순 때 이학박사 최규남 선생이 축하를 해 주셨던 글에서 그대로 몇 자

옮겨 놓을까 싶다.

"경성제대 의학부 암정내과에서 연구생활로 일관하여 약관 32세에 의학박사 학위를 일본경흥대학에서 … 전화에서 국보 이조실록을 구한 것도 이때 이박사이니 이를 유엔군과 교섭하여 1.4후퇴 때 부산으로 옮겨가 당시 김두종 박사에게 넘겨 준 이(후략)"

이런 평가를 받아온 김동익 박사님이 극찬하고 존경해 마지않았던 백성욱 박사님이였기에 백 박사님의 행적을 밝히고 그에 얽힌 미스터리를 풀어봄으로써 우리나라 근대화시기에 활약했지만 베일에 가려있던 인물들의 실체가 많은 부분 드러날 것으로 기대된다. 백성욱연구원이 앞으로 이런 일들을 잘해낼 것으로 믿으며 과거의 지혜를 바탕으로 새 천년, 새 시대를 열어나가는 일에 필자도 무엇으로든 힘을 보탤 것임을 약속드린다.

"백 박사의 논문 논조는 서양 철학을 인용하면서
붓다와 달마를 독립적으로 다룬 것이 특이하다."

❀ 시대의 활불活佛 – 백성욱

송재운(동국대 명예교수)

프롤로그

내가 백성욱白性郁 박사를 알게 된 것은 60년 동국대학교 학생이 되면서부터다. 나는 고등학교를 경기도 용인에서 58년에 나왔지만 6.25를 겪은 뒤 집안 형편이 여의치 않아 바로 대학 진학을 못하고 한해를 집에서 책이나 보고 영어 단어를 외면서 보낸 뒤 이듬해(60년) 4월에 동국대 불교대학 철학과에 입학하였다.

고등학교 친구들이 불교대학을 간다고 하니까 "허구 많은 대학을 두고 왜 하필 목탁대학이냐"며 빈정 대기도 하였지만, 고3 담임이셨던 윤

용성 선생님이 "송군! 철학을 하려면 동국대 불교대학 철학과를 가게. 동양 철학이던 서양 철학이던 불교사상과 인도철학을 모르고는 모두 헛것이야. 그러니까 불교대학에 있는 철학과가 적격이지"하고 말씀하신 것이 머릿속에 박혀 있어서 누가 뭐래도 불교대 철학과에 간다는 생각은 요지부동이었다.

당시만 해도 조선시대 숭유억불의 관념이 일반인들에게 아직도 남아서인지 스님네를 보면 아이들이 "중중 까까중"하며 뒤에서 하대하고 업신여기는 풍조가 적지 않았다. 그러니까 고등학교 친구들이 '목탁대학' 간다고 놀릴 만하였던 것이다.

훗날 동대를 다니면서 안 일이지만 당시 백성욱 총장은 스님 학생들에게 대학문에 들어와 학교생활을 할 때에는 승복 대신 교복을 입고 삭발한 머리에는 베레모를 쓰도록 지도 하였다. 삭발 머리에 회색 장삼을 입은 것이 일반 학생들에게 이질감과 위화감을 주어 캠퍼스 분위기를 어색하게 만들고, 학생 모집에도 부정적 영향을 미칠 수 있다는 우려에서였다. 더구나 50년대 중반부터 62년, 박정희 혁명정부가 비구 대처 통합 종단을 출범시키기 전까지 불교 승단은 비구-대처의 피나는 싸움으로 한국사회에 엄청난 물의를 일으켜 일반 국민들의 불신이 극도에 달하고 있을 때이니 백성욱 총장의 이러한 조치들은 시의적절한 것이었다고 평가할만했다.

내가 당시 동국대를 선택한 데는 또 한 가지 이유가 있다. 60년대에는 입학기가 되면 각 대학에서 입학 광고를 여러 신문에 5단 통으로 크게 내었다. 나는 고1 때부터 한국일보, 조선일보를 번갈아 보며 세상 돌아가는 물정도 익히고 연재소설도 빼지 않고 읽었다. 홍성유의《비극은 없다》도 이때 한국일보를 통해 읽었다. 그런데 하루는 동국대 입학 광고를 보니 고등학교 3년 내내 우등(1등) 성적의 소유자에겐 1년간 학비 전액을 면제해 주고 입학 후 재학 중에도 학과 우등이면 계속해서 학비 면제의 혜택을 준다는 것이었다. 나는 이 광고를 보고 환희 작약했다. 우리 집 형편으론 도저히 갈 수 없는 대학 진학의 꿈이 이루어 질 수 있겠다는 희망에서다.

당시에 시골 농촌 학생들이 대학을 가려면 학비, 즉 등록금을 대기 위해 집에서 기르던 큰 황소를 팔거나 농사짓는 땅을 팔지 않으면 안 되었다. 농촌에서 돈 될 만한 부업이라곤 없고 또 토지에서 수확되는 곡식도 한 가족 식구들의 1년 양식을 대기에도 부족해 봄이면 보리 고개를 넘기기 위해 장리쌀을 얻어먹어야 하는 형편이었으니 자식 학비를 위해 부모들이 할 수 있는 수단은 소나 땅에 손을 대는 일밖에 다른 도리가 없던 것이다. 다행히도 나에게는 우리 집에서 팔아 줄 소나 땅은 없었지만 고등학교 3년 내내 학년마다 우등한 성적표는 있었다. 그래서 동대에 입학원서를 내고 합격의 영광을 안았다. 불교대학 철학과 학생이 되고 1년 두 학기 등록금 전액을 면제 받았다. 이것이 동국대를 가게 된 또 하나 이유이고 크나 큰 은혜였다.

그 때 서울의 대학으로 진학한 많은 농촌 학생들은 대개 소나 땅을 팔아 학비를 대고, 대학에 다니면서는 가정교사나 고학으로 자신의 숙식을 해결하였던 것이다. 당시 시골 대학생들의 등록금 대는 형편을 잘 알았던 서울의 일간지들은 사립대학들을 두고 우골탑牛骨塔이라 비꼬기도 했었다. 소 판 돈으로 세운 상아탑이란 뜻이다.

그래도 그때 우리들은 희망과 용기로 향학열에 불타며 살았지 요새 젊은이들처럼 자기의 나라를 '헬 조선', 즉 '지옥 같은 나라'라고 매도하지 않았다. 오늘날 우리 한국은 세계에서 11번째 가는 경제대국이 되었다. 이것은 모두가 50년대 중반이후 60년대까지 향학열에 불탔던 젊은이들이 대학 공부를 마치면서 당시 박정희 대통령이 명운을 걸고 주도했던 국가재건, 조국 근대화, 수출입국에 있어 이들이 든든한 인적자원이 되었기 때문에 가능한 일이었다.

백성욱 박사도 당시 동국대학교 총장을 두 임기 연임하면서 이러한 영재들을 길러내는데 크게 공헌한 분으로 손꼽힌다. 고등학교 3년 내리 우등한 졸업생에게 1년간 학비면제의 장학제도를 실시한 것은 내가 입학한 60년과 다음해인 61년까지였다. 이 두 해 동안에 도시와 농촌을 막론하고 가난하지만 공부를 잘한 준재들이 동대에 많이 몰려왔다. 더불어 이들은 대학의 질적 수준을 끌어 올리는데 많은 기여를 하였고 졸업 후 사회 진출에 있어서도 동대의 위상을 크게 높였다. 나와 입학 동기들인 64년도 동대 졸업생들 중에서는 대학 교수만 각 분야에서 40명 가까이 배출되었고 법조인들도 적지 않게 나왔으며 문단에 등단한 문인들은 손으로 세기도 어려울 정도였다.

백성욱 박사가 만일 61년 8월 총장직을 사임하지 않고 계속 그 자리에 있었다면 이러한 장학제도는 좀 더 지속되었을 것이고 보다 출중한 인재들을 많이 배출했을 것이다.

61년 7월 박정희 혁명정부는 돌연 '교수에 관한 임시특례법'을 공표한다. 교원의 정년을 60세로 한정시켜 이때 64세(1897년생)였던 백성욱 총장은 정해진 법에 따라 교수로서 총장직을 수행 할 수 없어 퇴임하고 학교를 떠났다. 이때 많은 유명 교수들도 총장과 함께 학교를 퇴임하였다.

동국대가 53년 종합대학교로 승격한 이후 피란지 부산에서 아주 짧은 기간 초대 총장에 재직했던 권상노 박사에 이어 제2대 총장에 취임한 이래 8년 동안 서울 중구 필동의 일본 절터였던 남산의 한 가닥 줄기에다 대학을 크게 세우고 동국대를 굴지의 사학으로 키워낸 백성욱 총장의 퇴임은 학교는 물론 한국 불교계에도 많은 아쉬움을 남겼다.

시대의 활불

백성욱 박사는 '시대의 활불^{活佛}'로 불린 인물이다. 그는 일찍이 불계^{佛戒}를 받은 승려로서 동국대 전신인 불교중앙학림을 1919년에 졸업, 그해 3.1운동과 상해임시 정부에도 참여한 독립운동가이며, 25년엔 독일 뷔르쯔부르크^{Wirzburg}대학에서 〈불교순전철학^{佛教純全哲學}〉 즉 '불교형이상학'으로 철학박사 학위를 받은 불교철학자다. 독일에서 25년 귀국한 후 26년부터 28년까지는 모교 불교중앙학림 교수를 지내고 30년 금강산으로 입산, 안양암 지장암 등에서 10년간 수도, 도인이 되어 40년에 하산한다.

해방 후는 6.25가 나던 50년 2월부터 동 7월까지 내무부장관을 지냈고, 51년 광업진흥공사 사장, 51년 동국대 총동창회 회장, 53년 동국대 총장, 55년 동국학원 이사장(동대 재단), 55년 대광유지주식회사 사장, 57년 고려대장경 보존회 회장(이때부터 동국대에서 고려대장경 영인본 간행 시작), 57년 재단법인 경기학원 이사장(경기대) 등을 역임했다.

백성욱 박사는 총장 재임 시에도 동국대 대학원에서 여러 해 동안 원효의 〈금강삼매경론〉, 승조의 〈조론肇論〉, 혜심의 〈염송拈頌〉, 승조의 〈보장론寶藏論〉 그리고 화엄경 등을 강의하며 많은 불교학자들을 길러 냈다. 그리고 젊은 시절엔 학술논문, 시, 수필 등을 당시 〈불교〉지를 비롯한 잡지들에 발표하였다. 위에서 간략히 살펴본 바로도 백성욱 박사의 이력이 다양하고 화려함을 잘 알 수 있다.

그럼에도 體본체는 어디까지나 佛불교이다. 그러므로 그가 담당했던 모든 직책, 모든 일들은 그 체의 용用일 뿐이다. 백성욱 박사가 무엇을 하던 그의 본심에는 항상 부처가 자리 잡고 있었기 때문이다. 그는 어려서 불계를 받은 이후 한 번도 부처를 놓은 적이 없다.

불교중앙학림을 나온 것이나 독일에서의 박사학위 과정 연구와 논문이 그렇고, 금강산 수도에서는 대방광불화엄경을 염하면서 비로자나 법신과 그 화신인 부처를 체로 삼은 것이 또한 그러하며 생애 후반에 금강경을 독송하고 미륵존여래불을 념하며 받들도록 많은 제자-대중들에게 가르친 것도 또한 같다.

　백 박사에겐 따라 붙는 명칭이 많다. 승려, 독립운동가, 불교학자, 시인, 교육가(교수, 대학 총장), 정치가(내무부장관, 52, 56년 부통령 출마) CEO, 도인 등이 그것이다. 그러나 그의 본분은 역시 佛이다. 그러므로 그를 '살아있는 부처'같다 하여 사람들은 '활불'이라 칭하였던 것이다.

　백 박사가 수도도 많이 했지만 여러 직책을 맡아 일을 수행하면서 한 번도 큰 실수나 잘못을 범하지 않았던 것은 심체가 佛이었기 때문일 것이다. 그가 하는 모든 일은 전술한대로 이 심체 불의 用이니 무슨 오류가 있었겠는가. 그래서 백성욱 박사는 말한다.

　"한 생각이 부처님을 향해 있으면 모두가 출가자"라고.

활불活佛의 상징 백호白毫

　백성욱 박사에겐 또 하나의 상징적 이미지가 있다. 그것은 바로 얼굴 양미간 위 이마에 솟은 백호이다. 백호^{urna} 白毫란 원래 부처님과 보살의 양미간 위 이마에 난 흰털이 오른 쪽으로 돌돌 말려서 모양이 동그란 혹같이 생긴 것을 말한다. 이 백호는 수정같이 희고 부드러우며 끝없이 퍼져 나아가는 빛을 발한다. 이것을 백호광이 라 하고 이런 상相을 백호상이라 한다. 그래서 법화경에는 "그 때 부처님께서 백호에서 한 줄기 빛을 놓으시니 바로 동방의 오백만억 나유타 항하의 모래같이 많은 여러 부처님들을 볼 수 있었다"고 설한다. 중생은 이 백호광을 봄으로써 한량없는 복덕을 짓는다고도 한다.

이런 백호상은 부처님, 보살이 갖추고 있는 32가지의 뛰어난 모습중의 하나이다. 부처님 열반 이후 불상에서는 이 백호를 빛나는 보석으로 만들어 불상의 양미간 위 이마에 박아 놓는다. 경주의 석굴암 대불도 양미간 위 이마에 이 백호 보석을 박았던 자욱이 역력하다. 그래서인지 백성욱 박사도 부처님처럼 백호가 나 있다. 흰 털인지는 직접 만져 보지 않아서 잘 모르겠지만 육안으론 혹 같아 보이고 빛이 났다. 때문에 사람들은 이를 백호라고 하였다.

인도에서는 지금도 많은 여성들이 부처님의 백호처럼 양미간 위 이마에 동그랗게 검은 점을 만들거나 또는 그 자리에 보석을 붙여 얼굴 치장을 한다. 그리고 이와같은 치레를 '티카'라 부른다고 하는데 BC 1세기경의 그림과 조각들에서 찾아 볼 수 있다고 하는 점을 보아 부처님의 백호에서 유래한 것이 아닌가 생각되기도 한다.

인도인들은 사람의 얼굴에 두 눈 말고도 제3의 눈이 있다고 믿는다. 그리고 그 3의 눈은 바로 두 눈 사이 양미간 위 이마에 있다고 한다. 또한 그들은 이 3의 눈을 신통안神通眼이라 한다는 것이다. 지금 그들이 얼굴에 치장하고 있는 '티카'가 이 3의 눈이지도 모르겠다.

백성욱 박사는 얼굴에 백호가 있지만 하나도 어색하지 않고 이목구비가 뚜렷하면서도 그와 조화를 잘 이루어 전형적인 부처님 상과 닮은 미남이다. 키나 체구도 크지도 작지도 않게 알맞았다. 나는 지금까지 80평생을 살면서 백 박사처럼 품위 있고 멋지며 위엄있게 잘나고 매력적인 남자를 국내외 어디서도 보지 못했다. 참으로 뛰어난 인물이다.

나는 대학에 입학하자마자 주간으로 발간되는 대학보 동대신문(당시는 東大時報) 기자가 되었다. 그것도 공채로 근 10대 1의 경쟁에서 합격한 것이다. 대학을 들어오고 보니 등록금은 1년간 면제가 되었다 하더라도 막상 먹고 자며 학교 다닐 길이 막연했다. 서울에서 나는 어디 기댈 친척도 지인도 없는 그야말로 사고무친四顧無親의 신세였기 때문이다. 그래서 무언가 부업을 가져야겠는데 그때 마침 학교 게시판에 동대신문 기자 모집 공고가 난 것을 보았다. 바로 입학한 4월 초다. 그리고 2-3일 후 동대신문 기자를 지냈던 송석구 선배를 찾아가 만나 대학신문 기자가 어떤 어떤 일을 하는지 물었다.

송 선배는 나 보다 같은 불교대 철학과 2년 선배였는데 인물이 잘나고 구변도 좋았다(그는 훗날 90년대 중반부터 80년대 중반까지 동국대 제 13-14대 총장을 8년간 역임했다). 그의 말에 따르면 대학신문 기자는 학내에서 주로 학사행정, 학교행사 같은 것을 취재하여 기사로 쓰고 또 교수나 혹은 대학원생들의 좋은 학술 논문들을 수집하여 신문에 싣도록 활동하는 것이 주 업무라고 하였다. 그리고 이러한 기자 활동은 강의 시간 외에 하는 것이라 말하고 매월 월급도 나온 다고 일러 주며 한번 공채에 임해 보라고 권하는 것이었다.

그의 말대로 나는 공채에 응하여 기자가 되고 졸업할 때까지 무려 4년 동안 동대신문을 만들었다. 그리고 여기서 나오는 돈으로 하숙비를 충당하였다. 이때 나는 나의 학창생활에 큰 보람과 즐거움을 느꼈다.

주간 동대시보를 역시 주간 동대신문으로 제호를 바꾸고 소진 손재형 孫在馨 선생의 글씨를 동대신문 제자로 만든 것도 이 4년 동안에 이루어진 것들이다. 나는 기자가 되자마자 며칠 후 4.19 학생혁명을 겪으며 수습 기자인 내가 쓴 첫 4.19 기사가 당시 동대신문 1면 톱으로 게재되는 영광도 맛보았다. 그리고 1년 후에는 5.16 박정희 군사혁명을 맞는 등 격동기를 보냈던 것이다.

4.19날 우리 동국대 학생들은 빨간 바탕의 명주천에 흰글씨로 '동국대학교'라고 쓴 프랭카드를 선두로하여 통의동 경무대 입구까지 시내 여러 대학 데모대의 선두에 섰다. 이 때 총학생회장은 훗날 민주당 국회의원을 오래 지낸 장춘준 선배였다. 학생들이 스크럼을 짜고 3.15 부정선거를 규탄하는 구호를 외치며 교정을 돌아 시내로 향하는 것을 본관 2층 총장실에서 창밖으로 한참 내려다 본 백성욱 총장께서는 옆에서 학생들을 염려하는 주위 몇 사람들에게 "놔둬라, 불의를 보고도 항거할 줄 모른다면 어디 젊은 피가 살아 있다 하겠는가!"라고 일갈했다고 한다.

백성욱 박사는 그 때 이승만 대통령의 신임을 크게 받고 있었을 뿐만 아니라 상해 임시정부 시절부터 독립운동을 통해 동지적 인간애도 깊었던 사이였다. 그럼에도 정·부통령 3.15 선거가 부정이었다는 것에 대해

선 묵인할 수 없다는 신념 같은 것을 가지고 있었던 것 같다.

인기절정의 월요특강

백성욱 박사는 총장 재임시절 매주 월요일 마다 '인류문화사' 특강을 열었다. 이 특강은 매우 재미있고 그 때 학생들이 좀처럼 접해 볼 수 없는 세계사와 다양한 인류문화에 관한 것들이어서 매우 인기가 있었다. 강의 장소는 8백석이 넘는 대학 중강당인데 매번 자리가 꽉 채워졌다. 학점을 요하는 강의도 아닌데 학생들이 많이 참석하고 교수, 직원들도 상당수에 달했다. 명강으로 소문이 나서 심지어는 당시 동숭동에 있던 서울대 학생들도 이 특강을 들으러 많이 왔다고 한다.

매주는 아니지만 나도 가끔 이 월요 총장 특강을 들은 편이다. 학교 방송실에서 녹음을 하면서 마이크로 크게 확성 되어 진행되는 이 총장 특강을 나는 처음에 학생기자로서 채록하여 글로 만들어 동대신문에 실어 볼까 하였다. 그러나 그것은 이내 포기 했다. 말씀하는 형식이나 그 내용들이 대학 1학년생으로서는 도저히 받아쓰기도 어렵고 얼핏 이해가 안 가는 대목들도 있었기 때문이다. 그래서 그냥 재미로 청강만 했다.

그런데 하루는 총장께서 자기 자신의 백호에 대하여 숨은 일화를 얘기했다. 내용인즉 이렇다. 언젠가 시베리아 철도 열차를 타고 유럽을 가는데 맞은편에 아주 아름답고 젊은 러시아 여자가 타고 있었다. 그런데 열차가 달리는 동안 이 여자가 오랫동안 자기(백 박사)의 얼굴만 뚫어지게 쳐다보더라는 것이다.

여자가 웬일로 이렇게 나를 쳐다보나 생각하다가 겸연쩍어 얼굴을 차창으로 돌리는 순간 이 여자가 갑자기 자리에서 일어나더니 자기의 무릎에 올라 앉아 뿌리칠 틈도 주지 않고 이마의 백호를 만지더라는 것이다. 그리곤 놓지 않고 마치 어린 애기가 어머니 젖꼭지 만지듯 조물조물 주물러 대더란다. 그러면서 이 여자는 러시아어로 당신 같은 미남은 처음 보는데 이 이마의 혹은 떼어서 자기가 갖고 싶다고 했다는 것이다.

그래서 당신께선 이건 아무에게나 있는 것이 아니다. 드물게 아주 큰 인물들에나 생기는 것이니 탐내지 말라고 웃으며 타일러 떼어 놓았다고 한다. 그렇지! 부처가 아닌 사람의 백호를 그 여자가 어디서 보았겠는가. 이렇게 호기심을 갖는 것도 따지고 보면 이상할 게 없을 것 같다.

또 하나 재미있는 일화가 있다. 6.25때 부산 피난지에서 있었던 일이라 한다. 하루는 백 박사가 부산 어느 골목길을 걸어가고 있었는데, 그 거리에서 놀던 몇 명 아이들 중에서 한 녀석이 호주머니에서 종이 쪼각을 꺼내 입에 넣고 질겅질겅 씹더니 바로 꺼내 가지고 손으로 똘똘 뭉쳐 제 이마에 붙이고 나서 "야! 이 놈들아 내가 백성욱이다"하고 큰 소리를 치더라는 것이다. 백 박사는 그 날 이렇게만 말하고 그 아이의 말에 주석을 붙이진 않았다. 6.25를 가운데 두고 백 박사는 5개월간 내부장관을 엮임 했는데 전시 중 짧은 기간이었지만 이마에 백호가 있는 그의 얼굴과 이름은 꽤나 많이 알려졌던 모양이다. 그리고 이 백호는 아주 귀중한 활불의 상징이며 또한 그 이미지였다.

날더러 연극을 하란 말이냐!

나는 학생기자였기 때문에 일반 학생들과는 달리 백성욱 총장님을 집무실인 총장실에서 몇 번 직접 뵈올 기회가 있었다. 독대하여 대담한 적은 없고 총장실에서 가끔 있는 행사를 취재하기 위해서였다.

61년 1월인가로 기억된다. 어느 날 총장실에서 세계 스키선수권대회에 출전했던 우리 동대팀의 우승기 전달식이 있다고 하여 나는 취재차 신문사 사진부장과 같이 그 자리에 참석했다. 60년대 동대에서는 강원도 깊숙한 산골에서 자라며 스키를 잘 타던 고졸 학생들을 데려다 입학을 시키고 학업과 병행하여 스키선수들로 키웠다. 그 결과 동대 스키팀은 국내외 어느 선수권대회에 출전하던 우승을 많이 하였던 것이다. 그리고 우승을 하면 반드시 그 우승기를 총장에게 전달하여 총장실에 게양, 보관하였다. 그래서 그 때 총장실에 들어가면 황금색 수실이 빛나는 각종 운동의 여러 우승기들이 벽면을 가득 채웠다. 장관이었다.

내가 취재를 간 날도 바로 이런 우승기 전달식이었다. 우승기 전달은 선수 대표가 우승기를 두 손으로 들어 총장께 약간 허리를 굽히면서 바치면 총장은 그것을 받아서 옆에 서있는 직원에게 넘겨주는 것으로 끝난다. 그런데 이날 전달식에서는 뜻하지 않게 큰 문제가 발생했다. 이런 행사의 신문 취재는 선수가 우승기를 전달하고 총장이 받는 바로 그 찰나의 장면을 기자의 카메라에 담기만 하면 되는 것이다.

그런데 그때 그 찰나에 사진부장이 가지고 있던 스피드그래픽 보도용 카메라의 플래시가 불발되어 전달 장면을 찍지 못했다. 카메라의 플래시가 펑 소리를 내며 터져야 뻔쩍하는 빛과 동시에 사진이 찍히는데 그렇게 되지 못했던 것이다. 이 전달식 장면은 다음 주 동대신문 1면 톱 사진으로 쓰게 되어 있었다. 그런데 사진을 못 찍었으니 난감할 노릇이었다.

이때 사진 부장이 내게로 다가오더니 살짝 귀에다 입을 대고 "총장님 더러 우승기 받는 장면을 한번만 더해 달라"고 말씀 드려 보라는 것이었다. 그래 나도 그게 좋겠다는 생각에서 서슴없이 백 총장님께 다가가 "총장님 죄송하지만 사진을 못 찍어서 그러니 우승기를 한번만 다시 받아 주시죠" 이렇게 말씀 드렸다. 그랬더니 총장님께서는 바로 "날 더러 연극을 하란 말이냐!"하며 벼락같이 호통을 치신다. 불벼락이다.

그때 이 행사에 참석한 적잖은 교직원들은 모두 숨을 죽이며 우리 두 사람과 총장님을 슬금슬금 곁눈질 할 뿐 모두 입을 다물고 긴장해 있었다. 총장님은 그렇게 우리를 혼내곤 아무 일도 없었던 듯이 태연하게 자기 집무 책상으로 돌아가신다.

이 자리에서 제일 겁을 먹은 사람은 물론 사진 부장이다. 그는 당시 30대 중반으로 모 일간지 사진 기자를 하다가 동대로 자리를 옮겨 교무과에서 의뢰하는 졸업생 또는 재학생들의 학적부나 성적표를 사진으로

촬영, 암실에서 인화하여 보내는 업무를 맡은 학교 직원으로서 신문사 사진 부장도 겸하고 있었다. 그러기 때문에 이날의 사진 실수가 총장에게서 문제가 된다면 자칫 학교에서 쫓겨날 염려가 있었던 것이다.

그는 뚱뚱한 몸매여서 그런지 얼굴이 창백해져서 땀을 비 오듯 흘리며 내게 근심어린 표정으로 어찌하면 좋겠느냐고 물으면서 송 기자가 어떻게 문제를 잘 풀어 달라고 부탁했다.

나는 그의 이런 말에 백성욱 총장님은 크신 어른이니 고만한 일로 직원을 문책하진 않을 것이라고 위로 하면서, 만일 문책이 있다면 내가 나서서 해결하겠다고 큰 소리 쳤다. 4.19 학생혁명이 성공을 거둔 뒤라 그때 각 대학에서는 학생들의 정당한 주장은 잘 먹혀 들어가던 터라, 나도 자신감을 갖고 인사문제가 발생한다면 그것은 사진기 즉 기계의 잘못이지 사람의 고의적 실수는 아니니 용서해 달라고 빌면 잘될 것 같은 예감이 들었기 때문이다. 그런데 그날 우승기 전달식 이후 한 달이 넘도록 학교 당국에서는 아무 말도 없었다. 사진 부장은 정년 때까지 학교에 재직하며 잘 살았다. 백성욱 총장님은 역시 대인이고 보살이었던 것이다.

나는 그날 이후 지금까지 늘 다음 두 가지 점을 마음에 새기며 살아오고 있다. 인생은 일장춘몽도 연극도 아닌 실존^{existance}일 뿐, 그래서 두 번 다시 연극을 벌일 수 없으며 한번 주어진 기회는 영원히 다시 올 수 없다는 생각이다. 그리고 이것은 "날더러 연극을 하란 말이냐!"고 일갈한 백성욱 박사의 말씀에서 터득한 인생훈이다.

명진학교에서 동국대학교까지

동국대학교는 서울의 안산案山인 남산 줄기에 위치하고 있다. 지금 대학본부와 명진관이 있는 캠퍼스 중심에 서면 청와대가 정면으로 마주 보이면서 전 서울 시내가 한눈에 들어온다. 밤에 보면 서울의 야경이 더욱 장관이다. 시내 대학들 중에 이런 명당을 차지한 대학이 어디 또 있겠는가! 주소로 말하면 서울 중구 필동로 1길 30(구 중구 필동 3가 26번지)이다. 이 대학 터는 설립자인 대한불교 조계종에서 해방 후 1946년 국유화된 일본 적산을 정부로부터 인수함으로써 생긴 것이고, 여기에 오늘날 아담하면서도 거대한 대학을 건설한 것은 백성욱 박사다. 그 자초지종을 살펴본다.

동국대학교는 1906년 불교교육, 불교인재 육성을 위하여 동대문구 창신동 원흥사元興寺(지금의 창신초등학교 자리)에서 개교한다. 그 후 1930년대까지 불교사범학교 불교고등의숙 중앙학림 불교전수학교로 교명이 바뀌면서 비록 일제치하이긴 했지만 교세를 신장하며 발전을 보게 된다. 그리고 1930년부터 1946년까지는 중앙불교전문학교 혜화전문학교 시대가 된다. 이 기간 동안 동국대는 세 번의 폐교가 있었다.

첫 번째는 1914년 불교고등의숙의 젊은 승려 학생들이 당시 30본사 주지를 비롯한 기득권 승려들이 조선총독부의 식민지 불교정책에 순응만하면서, 우리 불교의 자주권을 빼앗기고 있다는데 대한 항의로 '조선 불교회'를 조직한데 대하여 당시 종단의 기득권 세력들이 주동이 되어 학교를 자진 폐교 시킨 것이다. 그러나 이 폐교 사건은 오히려 다음 해인 1915년에 중앙학림을 세우는 계기를 만들었다. 전화위복인 셈이다.

그리고 다음 두 번째는 1922년 일제에 의한 2년간의 강제 폐교다. 폐교 이유는 3.1독립운동 때 중앙학림 학생 교수들이 독립운동에 앞장섰다는 것이었다.

역시 세 번째도 혜화전문학교 학생들 중에 이른바 불온사상(일제에 항거)자가 많다고 하여 일제에 의해 강제 폐교를 당한 것이다. 그러나 1945년 일본이 패망하면서 혜화전문은 다시 문을 열고, 46년 5월에 '조계학원(재단인 동국학원 전신)'에서는 사찰토지 2백만 평을 증자하여 동년 9월에 정부로부터 불교학부 문학부 경제학부 전문부 등을 두는 4년제 대학 '동국대학'의 인가를 받는다.

그리고 47년 조계학원은 '동국학원'으로 명칭을 바꾸고 초대 이사장에 김법린金法麟 박사가 취임한다. 동시에 11월 종단 중앙교무회의에서는 전국 사원 소유림 일부를 농림학부의 경영에 충당하고 재단과 함께 종합대학승격을 추진, 53년 2월 문교부 대학교육심의회의에서 통과 되어 종합대학인 '동국대학교'로 승격되고 초대 총장에 권상노 교수가 취임한다. 종합대학 인가 당시 문교부장관은 동국학원 초대 이사장을 지낸 김법린 박사였다.

이어 7월엔 동국학원 이사회에서 만장일치로 한국광업진흥공사 사장 백성욱 박사를 2대 총장으로 추대키로 만장일치 결의하고, 당시 한원 이

사장 이종욱(李種郁) 전 제헌의원에게 교섭을 일임했던 것이다.

이러한 일련의 학교 일들은 모두 부산 피난지에서 있었던 것이다. 그리고 백성욱 박사는 전술한 바 있듯이 8월 1일부터 총장 집무에 착수했다. 6.25 전쟁 휴전 협정은 백성욱 박사가 동국대학교 제2내 총장직을 맡은 53년 7월에 있었다. 백성욱 총장은 부산 피난지에서 서둘러 대학을 서울로 환도 시키고, 같은 해 11월 현 필동 교지 가설 식장에서 총장 취임식을 가졌다.

대학의 건설

위에서 동국대의 연혁을 아주 간단히 살펴보았다. 좀 더 밝혀 보면 불교전수학교와 중앙학림은 1925년부터 명륜동 1번지와 혜화동 1, 2번지에 조선총독부로부터 북관묘터를 빌리거나 혹은 사유지를 매입하여 부지 2,716평, 밭 3,600여평, 벽돌 건물 251평을 포함 모두 601평의 건물을 1927년까지 확보하여 교사(校舍)로 사용하였고, 1940년 혜화전문학교로 승격 되면서부터도 해방뒤 50년 6.25가 터지기 전까지 이 건물들은 여전히 혜화전문의 교사였다.

그러니까 1,906년 원흥사의 명진학교로부터 1,945년 혜화전문학교까지 동국대학교의 전신들은 39년동안 창신동과 혜화-명륜동에서 자리 잡고 있었던 것이다. 남산 필동의 캠퍼스는 명실 공히 동국대학교의 새 터전이었고, 이것은 조국의 광복과 더불어 생겼다. 그리고 그 자리에 상아탑을 쌓은 것은 백성욱 총장이다.

앞서도 현 남산 동국대 자리는 일본 절터라고 말한바 있다. 그리고 이 절터는 해방 후 국유화 되어 46년 조계종에서 정부로부터 이양 받은 것이라고 밝힌 바 있지만, 정확히 말해 이곳에는 일제 시대에 일본 정토진종淨土眞宗 서본원사西本願寺 경성별원京城別院이 있었다.

정토진종은 1321년에 창종된 서본원사를 말하는데, 1602년 분리되어 나간 동본원사와 구분하기 위하여 서본원사라 칭하였다. 이 서본원사는 19세기말 일본이 조선을 침탈하는 과정에서 조선 각지에 별원을 두었다고 한다. 경성 별원이 언제 세워졌는지는 연대가 확실치 않지만 현재 동국대 법당 정각원正覺院으로 쓰이고 있는 경희궁 정전인 숭전전崇政殿이 1926년 조계사에 매입되었다가 다시 서본원사 별원으로 옮겨졌다는 기록(나무위키)을 참조 하면 대략 20년대 중반으로 보인다.

동국대학교에는 서본원사의 유물로 일본식으로 지어진 법당과 여러 사우寺宇들(지금은 다 없어졌음) 말고도 조선 왕실의 귀중한 유물이 두 개나 있었다. 하나는 지금 말하고 있는 경희궁 숭전전(서울시 유형문화재 제 20호)이요, 또 하나는 고종황제가 대한제국을 선포하면서 평양에 지은 궁궐 풍경궁豊慶宮의 정문 황건문皇建門이다.

숭정전은 서본원사 시절 부처님을 모신 법당으로 쓰였다. 황건문은 규모가 크고 웅장할 뿐만 아니라 보기에 매우 품격이 있고 아름다웠다. 60년대 우리가 재학하던 시절에는 대학 정문격이었다. 그러나 지금은 어디로 헐려 갔는지 행방을 알 길이 없어 아쉽기 그지없다. 그 당시 재학생들은 이 황건문과 지금의 명진관인 석조관을 대학의 상징처럼 여겼다.

경희궁(서울 종로구 신문로 2가, 서울 고등학교 터, 현 서울 역사박물관 자리)은 1617년(광해군 9년)에 착공, 1623년 완공된 이궁이다. 창덕궁에 이은 제 2의 궁궐로서 많은 왕들이 적지 않은 시간 이곳에 거처하였다고 한다. 창덕궁을 동궐東闕, 경희궁을 서궐西闕로 불렀다. 많은 사람들이 경희궁은 100% 일제에 의해 헐려졌다고 알고 있으나 그렇지는 않다.

기록(나무위키)에 의하면 흥선대원군 시절에 경복궁 중건을 위한 자재로 쓰기 위해 이 궁이 해체 되었으며, 숭정전을 위시한 일부 남은 전각 5채만 일제에 의해 매각되었다고 한다. 현재 동대에 있는 숭정전(정각원)도 당시 조계종 조계사에서 매입한 것이라 한다. 숭정전은 정면 5칸 측면 4칸의 단층 팔작지붕의 건물로서 현재 동대의 엄격한 보호를 받고 있다.

백성욱 총장은 취임 다음 해인 54년 4월 당시 한국 건축계의 거장 고 故 송민구宋旼求 설계사를 초빙, 대학 건축본부 소장으로 앉히고 교사의 신축에 일로 매진한다. 불교 종단과 재단에서는 46년 동국대학 인가를 받고 혜화동 전문학교 시설로서는 새로 입학하는 대학생들을 수용할 수 없어 이 필동의 서본원사 자리를 동대 교지로 정하고, 임시 교사를 꾸려가며 수업을 진행한 바 있다. 이 때는 아직 그대로 보존된 서본원사 건물들과 숭정전 등 목조 기와지붕 7동 617평, 그리고 판자 건물 2동 80평이 시설의 전부였던 것이다.

그러나 53년 이후는 6.25 전쟁을 겪은 후라 백성욱 박사 취임 당시는 그마저도 황폐화된 불모지나 다름없었던 것이고, 더구나 이제는 여러 단과 대학을 거느리는 종합대학교가 되어서 엄청난 규모의 건물과 교육 시설을 필요로 했었다.

이러한 불모지에 백성욱 박사는 '황야의 거인'으로 등장 했던 것이다. 하나 다행이었던 것은 서본원사 터에 학교를 지을 수 있는 대지가 23,987평 확보 되어 있었다는 점이다. 건축본부를 둔 백성욱 총장은 대학 후원회(회장 李潤鎔)를 구성하여 후원금도 만들고 또 미 8군의 원조도 받는 등 자신의 모든 역량을 총동원, 대학본부로부터 강의동, 과학실험실 등을 착착 건설해 나아갔다. 이러한 대학 건설 과정에 있어 에피소드 하나가 있다. 년도는 미상이지만 어느 날 이승만 대통령이 경무대(현재 청와대 자리)에서 마주 보이는 남산을 바라보니 여기에 큰 공사판이 벌어져 있는 것이다. 대통령 관저인 경무대와 직방으로 마주한 자리에 감히 남산을 까고 건물을 세우다니-대통령은 격노하여 비서에게 "저 짓 하는 자가 누구냐?"고 물었단다. "백성욱 박사가 동국대학교를 짓는 중이랍니다"하고 비서가 대답했다. 그러자 대통령께서 이내 얼굴에서 노기를 풀며 "응 그러냐! 그럼 놔둬라" 이렇게 말씀했다는 것이다. 이승만 대통령의 신임이 두터웠던 백성욱 박사였기에 망정이지, 만일 다른 사람이 총장 이었다면 이 학교 건설 공사는 당장 중단되고, 이어 취소되었을 것이다.

동대로서는 천만 다행한 일이 아닐 수 없었다. 그런데 또 한 번 이런 일이 더 있었다. 이승만 대통령이 미아리 고개를 차타고 넘으시다 남산 동대 건설 현장을 멀리서 보시고, 경무대로 드시기 전 여기에 들러 셔려 아기도 했다는 것이다. 그러니 당시 동대는 사기충천할 밖에.

백성욱 박사는 비상한 능력과 힘을 가진 지도자였다. 거기다 사람을 제압하고 복속 시키는 일종의 마술(?)같은 매력도 있었다. 좀 크게 표현한다면 영웅적 카리스마^{Charisma}다. 그가 6.25 전란 직후 온갖 어려움 속에서도 불과 몇 해 만에 동국대를 명문 사학으로 키워낸 것은 그의 이러한 카리스마 덕이었다.

대학이 건물만 짓는다고 되는 것은 아니다. 건물과 시설이 하드웨어라면 여기에 들어 갈 소프트웨어가 더 중요한 것이다. 그것은 바로 수준 높은 교수진을 짜는 것이고, 우수한 학생을 뽑는 것이며, 엄정한 학사관리와 효율적 재무관리다. 이 모든 것이 하모니를 이루며 잘 진행될 때만 대학은 올바르고 실력 있는 젊은 지성들을 길러 낼수 있다.

그런데 백 카리스마는 하드-소프트웨어 이 두 가지에 다 능했다. 50-60년대 동대 교수진은 참으로 쟁쟁했다. 백성욱 총장 당시에 젊은 나이로서 동대 교무과장을 지낸 장한기^{張漢基} 교수(연극영화과)는 당시 백성욱 총장과 동대 사정을 다음과 같이 회고 하고 있다.

백성욱 선생께서는 낡은 절간 건물과 임시 바로크 목조 건물들을 헐고 제대로의 본관 석조관과 지금의 대학 본부 건물을 짓느라고 바쁘셨지만 나는 대학원 졸업 때까지 한번도 그의 사무실을 찾지 않았다. … 남들은 그를 독재자라고 말한다. 왜냐하면 그는 겸직했던 광진(광업진흥공사)사장 자리를 내 놓으면서 동국대학교 총장, 동창회장, 그리고 재단 이사장 까지도 함께 겸직하고 계셨다. 뿐만 아니라 6.25 전쟁 통에 학교 기강이 말이 아닌데다가 학적부조차 잘 정비되지 않은 터라 학사 행정조차 엉망이었다. 게다가 입학과 졸업장이 팔려 나가는 비리조차 없지 않았기에 도시 사무직 직원들과 일부 보직 교수들까지도 믿지 못하였다. 그래서 선생께서는 일벌백계주의로 조그마한 부정과 비리가 엿보여도 마구 잘라 나갔다. 그리고 학교 신축 건설 현장을 다니시며 독려 하였고, 느리거나 못마땅한 구석이 있으면 담당자를 불러 현장에서 호통을 치시곤 하였다.

어쨌거나 선생은 허름한 반코트에 캡을 눌러 쓰시곤 해 질 녘 종로 네거리를 활보하셨고 때로는 광화문 네거리에서 그를 뵈었다는 사람도 있었다. 혹은 변장 차림으로 이른 새벽 학교 후문으로 들어오셔서 수위들 몰래 학교 신축장을 돌아보시고 가는 예도 적지 않았다. 그리고 사무실은 복도에서 전부 훤히 들여다 볼 수 있게 투명 유리로 채웠으며, 총장께서는 아침 일찍 출근하셔서 복도를 한 바퀴 돌므로써 일하는 직원들은 긴장 할 수밖에 없었다. 그래서 총장은 아침에 출근하자마자 누가 담배를 피우고 신문을 보며 커피를 드는 것까지도 훤하게 알고 계셨다. 이만큼 철저 하였기에 낡아 허물어진 절간 대신 석조관이 들어서고 도서관이지어지고 대학 행정 기구인 각종 사무실이 들어설 수 있었다. 그러나 선생께서는 교수들만은 극진히 위하였다. 어느 날 모 교수가 강의를 마치고 교수실에 들어와 손을 씻으려고 수도꼭지를 틀었다. 그런데 물이 안 나오니 불평 섞인 목소리로 학교 욕을 마구 해댔다. 이때 마침 복도를 지나다 이를 목격하신 총장께서는 들어와 우선 그 교수에게 깊은 사과를 하고 당장에 교무처 과장을 불러 호통을 쳐 물을 떠오게 하여 그 교수의 노여움을 풀게 한 때도 있었다. 다분히 독재성 계급 사회에서나 있을 법한 일 같기도 하지만, 해이한 기강을 세우고 책임을 묻는데 주저하지 않았다. 그리고 방학을 앞둔 12월 보너스, 1월, 2월, 3월, 3개월 보너스를 합치면 6개월치 월급을 한꺼번에 주시며 교수들에게 다음과 같은 말씀을 하시곤 하였다.

"아직 강의실 밖에 짓지 못해 교수 연구실을 마련해 드리지 못한 것을 가슴 아프게 생각하니 그리 양해하시고, 추운 겨울 방학 월급 타러 나오시라 할 수도 없으니 한몫에 타가시어 여행도 하고, 연구 시간도 절약하시라."

당시 6개월간의 월급이면 시중 이자가 높은 때라 보통 10%에서 20%까지 받을 수가 있었다. 이 6개월 월급을 믿을 만한 곳에 주게 되면 그 이자만으로도 단출한 식구의 식생활은 가능했다. 그러니 총장께서는 모름지기 학교에서는 왕이요, 구세주처럼 받들어졌고 총장 이사장 동창회장 등 삼권을 쥐신 그야말로 대단한 실력자였으며 그 만큼 권위도 컸었던 것이다.

-장한기, 자전적 에세이 《나는 하늘을 날았다》(2018) 중에서

    장한기 교수의 위와 같은 회고담에서 우리는 6.25 후 동대 건설 당시 백성욱 총장의 적나라한 모습과 당시 이 대학 학사 행정의 어두웠던 일면도 여실히 볼 수 있다. 전후 이러한 일은 비단 동대에 한해서만 있었던 것은 아니지만, 이것을 바로 잡는데 총장의 노고가 얼마나 컸던지는 미루어 짐작할 수 있겠다.

    위 글에서 보건대 백 카리스마는 큰 능력과 힘을 가지고 있을 뿐만 아니라 사물을 섬세하게 관찰하는 자상함, 그리고 사람들을 보듬는 포용력에다 석양에 도심을 걸으며 사색하는 낭만도 듬뿍 가지고 있었다. 하기야 그 분은 젊은 시절 시인이 아니던가.

    장한기 교수의 자전적 에세이를 읽으면서 나는 인연이 닿지 않아 내가 직접 체험하지 못했던 '활불 백성욱'에 대해서 많은 것을 배웠다. 그리고 그 중 진수를 뽑아 여기에 소개한 것이다.

에필로그

내가 60년 4월 동대 철학과에 입학했을 때, 학교는 대학으로서의 손색없는 면모를 갖추고 있었다. 다만 처음 들어가면 교정이 다소 협소해 보이는 것이 약간 실망감을 안겨 주었다. 입학 후 한동안 지나서 깨달은 것이지만 캠퍼스 중심을 남산 줄기 산등성이에다 잡고 학교 메인 건물들을 세우고 나머지 시설물들은 능선 양옆 산자락에 위치하고 있었기 때문에 처음 들어서면 다소 협소한 감이 들지 않을 수 없었던 것이다. 이러한 것은 지금도 마찬가지다. 만일 현재 동대 시설물들을 수평적인 평지에 늘어놓는다면 어마어마하게 커 보일 것이 분명하다.

60년 4.19 혁명 때 동대는 그때부터 지금까지 사용하고 있는 대학본부와 강의동인 석조관(현 명진관), 그리고 석조관 뒤 과학관, 그 옆에 거대한 온실을 갖추고 있었다. 그 뿐만 아니라 아직 사용전인 도서관과 교수 연구실을 겸한 거대한 건물이 동편에 완공되어 있기도 했다. 대학 본부는 8백석의 큰 강당과 총장실 이사장실, 각 학처장실 그리고 각종 행정사무실, 연영과 실험극장, 강의실 보건소 동대신문사, 학생 직원 식당 등 대학의 핵심은 물론 온갖 부대시설을 다 갖추고 있었다. 모두가 백성욱 총장의 마음과 혼이 어린 시설물들이었다. 내가 입학하여 동대신문 기자를 할 때에도 대학 건설 본부장 송민구 설계사는 본관에 사무실을 두고 활동 중이었다.

하나 특기할 것은 건축가 송민구씨가 설계하여 58년에 완공한 석조관이 2015년에 서울시 문화재로 등록되었다는 사실이다. 3층의 이 석조 건물은 건축학적으로 50-60년대를 대표하는 작품일 뿐만 아니라 우리가 육안으로 보기에도 한국에 이런 건축물이 있나 놀라울 정도로 아름답기 한량없다. 그래서 나는 이 석조관을 가리켜 동대를 건설한 '활불 백성욱'의 사리^{舍利}라고 한다.

불사리가 꼭 스님의 법체를 불로 태워야 나오는 것은 아닐 것이다. 생전에 부처님 수행이 철저하고 그의 피와 땀, 혼으로 만들어 남긴 업적이나 유물들이 불심^{佛心}을 상징하는 하는 불멸의 것이라면 그 것이 바로 그 수행자의 사리가 아니고 무엇이겠는가.

맞다, 동대는 백성욱 총장의 사리와 다름없다고 해도 지나친 말은 아니다. 이런 점에서 장차 언젠가는 동대 교정에 이 대학의 중흥조 활불 백성욱 총장을 기리는 동상이 세워져야 한다.

불교는 인과^{因果}고 또한 공^空이다. 인과를 모른 척 한량없이 세월을 허송한다면 우리들 세계에 남을 게 무엇이겠는가! 동국대학교는 올해로 창립 113주년을 맞았다. 오늘 날 동국대학교는 서울 캠퍼스 외에 경주에 제2캠퍼스인 경주 동대가 있다. 여기에는 여러 단과대학은 물론 양방 의과대학과 그 부속 병원, 그리고 또한 한의과 대학과 그 부속 한방병원이 있다. 경주 캠퍼스는 서울 분교가 아니라 지금은 독립 채산제인 또 다른 대학으로서 총장을 따로 두고 있는 큰 대학이다.

다음으론 경기도 고양시 일산에 또한 제 3캠퍼스도 가지고 있다. 여기에는 8백 병상 이상의 초현대적 양-한방 의과대학 부속병원이 있고 약학대학도 있다. 이상 3개 캠퍼스의 재학생만도 아마 약 1만 명에 가까울 것이다. 어디 그 뿐인가 미국 LA에는 한의과 대학과 소규모지만 병원을 가지고 있다.

이렇게 보면 오늘 날 동국대학교는 미국까지 합쳐 모두 4개의 캠퍼스를 갖춘 그야말로 매머드급의 국제적인 대학이다. 1906년 동대문구 창신동 한 사찰에서 출발한 불교 교육기관인 명진학교가 금세기 들어 이만큼 국제적인 큰 대학교로 성장하기 까지는 불교종단의 설립자들은 물론 그 외에 수많은 교수 학장 총장 등 인재들이 피와 땀을 쏟은 결과일 것이다. 불교 종단 학교라고 해도 현실 사회에서 불사를 행하고 교육 사업 등 각종 일을 이루어 내는 것은 부처님이 하시는 게 아니라 분명 중생, 즉 사람이 하는 것이 아닌가! 그렇다면 이 1백여 년 동안 대학 발전을 위하여 헌신한 사람들도 분명 적지 않을 것이다.

그럼에도 지금 동대에는 승속을 막론하고 한 사람도 기리는 인물이 없다. 어디에도 흉상 하나 없으며 대학인들의 인구에 회자되는 인물도 없다. 불행의 불행이라고 우리는 생각하지 않을 수 없다. 그간 동대에는 학문적으로 우뚝한 교수들도 많고 학교발전에 물심양면으로 도운 사람들도 많으며, 백성욱 박사처럼 학교 흥융興隆을 위해 금자탑을 쌓은 분들도 적지 않을 것이다.

그러나 지금까지 한 분도 추앙하는 인물이 없다. 동국맨들이 인과를 모르고 살아온데 원인이 있고 크게는 대학에 뚜렷한 주인이 없다는데 문제가 있다. 설립자 측인 불교 종단은 종권의 실세들이 수시로 바뀌고 종단에서 파견되는 법인 이사들도 잠시 스쳐가는 자리이니 누가 이 동대에 대하여 주인 의식을 가지고 전통을 세워 갈 수 있겠는가.

백성욱 총장만 보더라도 그를 총장으로 추대한 재단 이사회는 이른바 대처승 측 종단이었고 지금은 비구승 측 종단이 주인이다. 그러므로 백성욱 총장이 아무리 동대 발전의 중흥조라 해도 오늘 날 조계종 종단에서 그를 크게 보기는 어렵다. 때문에 결론으로 말하면 동국대학교 총동창회가 나서서 대학에 대한 주인의식을 가지고 역대 대학의 인물들을 기리는 사업을 전개해야 할 것이다. 역대 교수, 학장, 총장, 이사장, 동창 등에서 동국의 사표가 될 만한 인물들을 가려내고 받드는 사업을 시작해야 한다. 그리고 첫 번째 사업으로서 가장 업적이 뚜렷한 백성욱 총장의 동상을 세우고 그의 사상과 정신을 계발, 후대에 전승하는 일부터 해야 할 것이다.

吟

白日 天下에

性一佛性

郁郁하며

그 白毫光明

우주를 감싼다

아! 님이시여

그리운 님이시여

이 사바에 다시 오시어

法輪을 굴리시고

제도 중생 하소서!

제자 송재운 合掌

(2019. 6. 7)

"인생은 일장춘몽도 연극도 아닌 실존일 뿐,
그래서 두 번 다시 연극을 벌일 수 없으며
한번 주어진 기회는 영원히 다시 올 수 없다는 생각이다."

2장_
삶이 곧 수행이다, 스스로 닦고 깨쳐라

동국대 중흥이 불교중흥

송석구(백성욱연구원 원장, 전 동국대 총장)

부처님의 화신

내가 동국대학교 철학과를 입학한 1958년 3월은 무척 추웠다. 학교의 위치가 목멱산(남산) 기슭이라 골짝에는 아직 눈이 녹지 않고 있었다. 운동장에서 입학식을 했는데 누가 누군지 알지 못할 때이다. 어느 날 도서관이라고 일컫는 시멘트 뼈대만 높이 서 있고 바닥만 시멘트로 입힌 건물이 눈에 보였다. 나는 그곳을 올라가 보고 싶었다. 겨우 계단을 찾아 올라가 보니 중년이 된 어른들이 어떤 한분의 좌우를 둘러싸면서 걷고 있었다. 얼마간 움직이다가 한분의 말에 모두가 발걸음을 멈추고 경

청하고 있었다. 그때 말씀하신 분이 백성욱 총장임을 대강당에서 매주 월요일 실시되는 총장 특강에서 확인 할 수 있었다.

　백성욱 총장님은 이마에 백호가 있으셨다. 독일 유학시절에 어떤 여인이 진위를 알기위해 백호를 한번 만져 보고 싶어 했다는 일화가 있듯이 유명한 상징이시다. 선생님은 동대에서 매주 월요일 특강을 하셨다(그때의 특강 내용이 김동규씨가 백성욱 박사의 〈인류문화사 특강〉이라는 제목으로 2015년에 발간되었다). 그때 나는 며칠 전에 뼈대만 세워진 도서관 건물의 그 어른이 바로 총장님이셨던 것을 알 수 있었다. 나는 선생님을 보고 비범한 분임을 곧 바로 느꼈다. 그러나 감히 접근하기가 어려웠다. 강당에 들어오시고 나가실 때 비서들과 수행원들이 따라 나가고 있기 때문이다.
　그 후 대학 2학년 때 P교수가 총장실에 가는데 같이 가자고 해서 총장실을 따라 가 보았다. P교수는 그때 대학원 석사과정에서 백성욱 박사님한테 금강삼매경(한문)을 배우고 있었다. 나는 그때 선생님을 먼발치에서 확실히 보았다. 대학원 학생들에게 친절하면서 부드럽고 자비스럽기 한이 없었다. 나는 '그 근엄하고 경이로운 분이 저렇게 자상할 수 있을까?'하고 놀랬다.
　그리고 세월이 지나 1981년 광덕 큰 스님이 〈불광〉 잡지를 만들 때 스님과 함께 백 박사님이 계신 여의도로 찾아가 인터뷰하면서 친견했다. 그때는 미륵존여래불을 주창하며 무주고혼들의 원한을 풀고 그들의 천

도를 위해 기도를 강조하셨다.

세월이 흘러 이제는 내가 그때의 백 박사님만큼 나이가 들었다. 총장 전문 교수라는 별칭이 생겼을 정도로 다양한 대학들을 오가며 총장직을 맡아왔다. 그 중에도 나의 모교이자 우리나라에서 으뜸가는 불교 대학으로 손꼽히는 동국대학교 총장직을 두 번이나 수행했으니 동국대학교의 기틀을 세운 1차 중흥조로 총장직을 두 번 연임하신 백 박사님과 공통점을 갖게 된 셈이다.

백 박사님은 당시 고려대 총장 유진오, 연세대 총장 백낙준 같은 분과 어깨를 나란히 하며 대한민국 3대 총장 중 한 분이라 불릴 정도로 유명세를 떨치셨다. 허허벌판에 세워진 판잣집 같던 동국대학교를 오늘날 우리나라를 대표하는 불교대학으로 만드는데 열과 성을 다 하셨음은 물론, 대한민국 최초의 식품영양학과, 연극영화과 등을 창설하시고 그 어렵던 시절, 대다수가 가난했던 학생들이 좋은 환경에서 공부할 수 있도록 훌륭한 건물을 많이 지으셨다.

그 당시에는 이만여 평밖에 안 되는 대지에 동국대학교 본관과 명진관, 교수회관, 과학관등에 건평 8,700여 평의 교사가 지어졌는데 백 박사님이 설계사와 건축 관계자들을 데리고 다니시며 진두지휘를 하셨다. 풀 한포기, 나무 한그루도 살펴가며 오늘날 동국대학의 기초를 닦으셨던 셈이다. 당시 동국대학교만큼 교수진을 대접해주고 학생들에게 장학금을 많이 주며 남산을 다 깎아낼 기세로 공부에 집중할 수 있는 환경을 최단시간에 이뤄낸 대학교는 없었다고 해도 과언이 아니다.

특히나 '총장특강'이라 불리며 월요일마다 큰 강당에서 열린 백 박사님의 강연이 장안의 화제였던 것이 지금도 기억이 난다. 동국대학교 학생들뿐만 아니라 서울대 등 유수의 명문대 학생들도 줄을 서가며 도강을 들어왔던 강의로 유명했는데 금강경을 중심으로 그 시대의 문화사는 물론 과학, 심리학, 약학 등 모든 분야를 다루는 강의였다.

당시 학생이었던 나는 별다른 종교심도 없이 입학하자마자 백 박사님의 강의를 듣게 되었다. 금강경에서 과거, 현재, 미래, 삼세가 있다고 하는데 이것이 과학적으로도 맞는 말이라고 하셨다. 우주에 삼세가 과학적으로 확실히 있다며 설명하셨고 우주의 모든 삼라만상의 근본은 원자라고 하시며 "우리 육체도 원자다. 물질과 정신으로 되어 있는데 물질이 죽으면 정신도 죽는 것이다"라고 하셔서 신기하게 들었던 기억이 난다.

당시의 나는 종교는 종교고 과학은 과학이라 생각했기에 종교를 과학적으로 설명한다는 것이 신기하리만큼 낯설었다. 백 박사님은 모든 면에서 시대를 앞서가는 행동을 많이 하셨는데 총장특강이 바로 그런 노력 중 하나였다. 당시에는 누구도 하지 않았던 불교에 대한 과학적 해설, 인류 문화와 역사를 학문적으로만 살펴보는 것이 아니라 우리 실생활에 접목시켜 내는 등 지금 와서 돌이켜보면 그분이 어떻게 그러셨을까 싶은 면모들이 많았다. 하지만 그때 그 시절의 나는 "참 신기하다, 뭔가 낯설고 불편하다"는 느낌을 가졌을 뿐 백 박사님에 대해 더 알고 다가가고자

하는 마음을 내지 못했다.

백성욱연구원의 나아갈 길

1960년대에 4.19가 나고 백 박사님이 자의반 타의반으로 총장직에서 내려오시게 되고, 바로 다음해엔가 백 박사님과 함께 동국대학교 중흥에 물심양면으로 큰 역할을 하셨던 손혜정 여사님의 동상이 학생들에 의해 끄집어 내려지기도 했다. 우리나라 건국 대통령이자 대한민국의 기틀을 세운 이승만 전 대통령에 대한 평가가 당시 정치세력에 의해 의도적으로 폄훼되던 시절이었기에 어쩔 수 없는 일이었다. 지금에 와서는 이승만 건국 대통령에 대한 재평가가 되고 있고 다시 위대한 대한민국 건국 정신으로 되돌아가자는 운동도 활발히 펼쳐지고 있지만 당시에는 이승만 대통령과 건국을 함께 했던 인물들이 모두 수난을 겪던 시기였다. 백 박사님도 그렇게 역사 속에서 잊히는 인물이 되는가 싶었지만 곧 소사에서 수행에 정진하시며 제자들을 키우고 계신다는 소식을 들었다. 그때 더 가르침을 받지 못한 것이 후회가 되는 요즘이다.

백성욱 박사님을 연구하는 학술단체가 처음으로 생긴다며 원장을 맡아달라는 제안을 받았을 때 나는 한사코 거절할 수밖에 없었는데 이유는 간단했다. 내가 백 박사님에 대해 아는 것이 없는데 어떻게 원장을 맡으라는 건지 말이 되지 않는다고 생각했다. 그럼에도 삼고초려가 계속되기에 이야기를 들어보니 백 박사님과 나는 공통점이 많다고 했다.

첫째로 두 사람 다 동국대 총장을 두 번씩 연임하면서 동국대 발전에 기여했다는 점(두 번 연임한 총장은 동국대 역사를 통틀어 백 박사님과 나밖에 없다고 한다), 두 번째로 사찰이나 스님에게 의지하는 불교가 아닌 스스로 생활 속에서 수행하며 깨달을 수 있고 이를 바탕으로 대승불교의 기본 취지인 모든 중생을 구제한다는 자세의 불교인이라는 점, 마지막으로 학자이자 불자로서 개인의 깨달음에서 그치지 않고 이를 이타적 사회참여로 돌려낸다는 점이라고 했다. 생각해보니 일리가 있었다. 백 박사님을 잘 알지 못한다는 점이 오히려 장점이 될 수도 있을 것 같았다. 백성욱연구원의 설립 취지이자 목적이 바로 백 박사님을 모르는 현대인들에게 그 가르침을 전하고 이를 오늘날에 맞게 더욱 발전시키는 것이니 나 같은 사람이 원장을 맡는 것이 요즘 사람들 눈높이에 맞는 성과를 낼 수도 있겠다는 결론이 났다. 그래서 무턱대고 원장을 맡았고 틈날 때마다 백 박사님이 남기신 문집과 제자들이 구술해 놓은 책과 강의 등을 보며 열심히 공부를 하고 있다. 백 박사님이 동국대 총장을 하실 때 "총장이라고 다 같은 총장이 아니다"라는 평을 많이 들으셨다고 한다. 그만큼 동에 번쩍 서에 번쩍 하면서 동국대학교의 전성기를 만들어내셨다는 칭찬인데 나 또한 "원장이라고 다 같은 원장이 아니다"라는 마음가짐으로 백 박사님을 처음 접하는 불자들은 물론 타종교인이나 종교가 없는 사람들이 볼 때도 신심이 나고 인생을 사는 마음가짐을 바로 세우는데 도움이 되도록 노력해봐야겠다는 생각이다.

삼천 배와 미륵존여래불

내가 신실한 불자로 거듭나게 된 계기에도 우연 같은 필연이 있었다. 해병대 대위로 제대하고 대학원에서 동양 철학을 공부하던 젊은 시절, 앞으로 어떻게 살아갈까에 대한 고민이 많았다. 막연히 유교와 불교를 같이 연구하고 싶은 바람이 있어 틈틈이 불교 공부를 하며 큰스님들을 만나곤 했는데 때마침 해인사에서 일주일간 불자들이 모이는 연수가 있어 참석하게 되었다. 대불련 회원들과 몇몇 교수분들 그리고 불교를 이해하는 시인들이 주된 참석자들이었다. 연수과정 중에 성철 큰스님의 강의를 들었는데 심금을 울리는 감동으로 다가왔다. 연수가 끝날 무렵 삼천 배를 하고 회향하라는 권유에 무턱대고 삼천 배를 시작한 것도 그런 이유 때문이었다.

그런데 웬걸 말이 삼천배지 이렇게나 힘들 일인 줄 처음 알았다. 꼭 절을 해야만 불교를 이해하는 것인가? 강압적으로 절을 시키는 도그마를 따를 수 없다고 혼자 하산해버린 시인 한분이 부럽게 느껴졌다. 사실 당시에 법정 스님의 '굴신운동'이라는 글이 화제가 되면서 절을 하는 행위가 무슨 불전 앞에서 누가 더 많이 하나 기록 세우기도 아니고 절하는 동작 또한 가관이니 그것이 바로 굴신운동이 아니냐는 비판이 있던 시절이었다. 그러니 마지못해 절을 하면서도 법정 스님의 글이 떠올라 회의감이 들기도 여러 번, 중간에 용감하게 포기하고 뛰쳐나오지 못하는 나 자신을 원망하기도 여러 번, 그래도 인내를 가지고 삼천 배를 끝내니 그렇게나 후련할 수가 없었다. 에고 덩어리인 나 자신과의 싸움에서 잠시나마 승리를 거뒀다는 희열 앞에 믿음이란 육신을 조복 받지 못하면 얻을 수 없는 것이라는 성철 스님의 말씀을 실감할 수 있었다.

훗날 대학원을 졸업하고 여기저기 이력서를 넣으며 취업이 안 돼 방황하던 시절, 잠깐이나마 단순노동에 가까운 일용직 일자리를 전전하다가 굶어 죽더라도 의미 있는 일을 하며 살고 싶다는 생각을 했다. 그때 나도 모르게 해인사를 다시 찾았다. 절에 가면 밥은 얼마든지 공짜로 먹을 수 있던 시절이었기에 이참에 출가라도 해볼까하는 마음이 반이었다. 성철 스님을 뵙고 내 이야기를 하니 스님은 묵묵히 들어주시고는 빙그레 웃으시며 매일 삼천 배 할 것을 명령하셨다. 어쩔 수 없이 삼천 배 고행이 시작됐다. 매일 매일이 나와의 지독한 싸움이요 그야말로 고난의 행군이었다. 일주일을 지속하니 허리는 끊어질 듯 아프고 서울로 돌아가고 싶은 생각이 간절했다. 20일 정도는 너끈히 버티리라 다짐했건만 일주일이 한계였다. 성철스님께 돌아가겠노라 작별 인사를 드리는데 "잘 가라"는 말만 들었다. 올 때나 갈 때나 아무 일도 없었다는 듯 스님은 한결같으셨다.

서울로 돌아오니 믿을 수 없는 일이 기다리고 있었다. 그동안 그토록 많은 이력서를 여기저기 넣었어도 연락 오는 대학이 없었는데 해인사에 가있던 일주일 만에 국민대학교에서 강사자리가 났다는 통지서가 온 것이다. 삼천 배를 열심히 했더니 소원하는 바가 이루어진 것이었을까?

강사자리를 얻은 기쁨에 나는 부처님의 가피를 느꼈다. 그때부터였던 것 같다. 내가 어려움이 있을 때마다 부처님 전에 공손하고 경건한 마음으로 절하며 기도를 하게 된 것은.

물론 부처님이 일일이 내 기도를 들어주신다고 여긴 것은 아니다. 절을 통해서 내 마음가짐이 달라지는 것, 부처님을 공경하는 본래의 뜻도 있지만 더 크게 보면 널리 모든 중생을 공경하고 나를 둘러싼 모든 대상에 대해 가장 겸허하고 순수한 마음으로 상대를 존중하고 예우하며 자비와 용서를 베풀 수 있는 일심의 경지로 돌아간다는 느낌이 있었다. 이것은 나 자신, 곧 내적인 자아에 대한 존중과 예경이기도 했다. 절을 부처님을 향해 하고 있지만 실은 나 자신에게도 절을 하는 셈이다. 절을 통해 우리는 나 자신을 존중하고 사랑하는 마음을 가지게 된다. 나를 자제하고 자애할 줄 알게 되면 남에게도 예우와 공경의 마음을 갖추게 된다. 내가 남을 귀하게 여기니 남도 나를 예우해 주는 선순환을 낳는다. 이렇게 내 한 마음을 잘 다스리는 일, 즉 마음의 삼매를 갖는 방법은 절하는 것뿐만 아니라 염불, 화두참구 등 다양한 방법이 있다. 사람마다 자신에게 맞는 방법을 찾아 일심으로 정성을 다하면 된다고 본다.

백 박사님이 주창하신 "미륵존여래불" 염송도 이런 관점에서 보면 모든 불자들이 생활 속에서 마음의 삼매를 얻을 수 있는 가장 쉽고 효과적인 불교 수행법이라고 할 수 있다. 백 박사님은 '바치는 공부'를 강조하셨는데 안팎의 부딪쳐 오는 모든 생각을 "미륵존여래불"하며 부처님 중에도 가장 밝은 부처님이 되실 거라 수기를 받은 미륵부처님께 바치라는 가르침이다. 부처님께 바침으로써 부처님의 제도를 받아 '나'라는 좁은 생각, 즉 에고에서 벗어나 마음의 삼매를 얻으면 현생의 모든 재앙을 소멸하고 소원을 이루며 나와 남이 다르지 않음을 깨닫고 모두를 위해 복 짓는 삶을 살 수 있다는 것이다.

삼천 배가 됐든 미륵존여래불이 됐든 또는 화두참구가 됐건 간에 하나의 일맥상통하는 원리는 끊임없이 일어나는 나의 에고가 일으키는 생각과 집착을 끊어내는데 있다. 모든 집착과 그로 인해 생기는 잡념 때문에 괴로운 것이 사람의 인생이기 때문이다. 생각 하나를 지우려고 하면 또 다른 생각이 꼬리에 꼬리를 물고 자꾸 일어나는데 백 박사님의 법문 중에 "궁리 끝에 악심만 나온다"라고 하셨다. 그럼 어떻게 해야 할까?

나의 경우엔 하루의 시작을 부처님께 절을 올리는 것으로 끊임없이 일어나는 집착과 그에 따른 잡념에서 벗어나고자 했다. 새벽마다 집근처 화계사 쪽으로 1시간쯤 등산을 하고 108배를 올렸고 일정이 바쁠 때는 동국대 정각원 법당에서 아침마다 참배를 했다. 아침마다의 예배를 통해 잡념과 집착으로 흐려지기 쉬운 내 마음을 다시 한 번 일심으로 수습하고 하루하루를 불자로서 겸허히 살아갈 수 있었다. 긴 세월 동안 총장 역할을 무탈하게 수행해 온 비결도 여기에 있었다고 생각된다. 그날그날 많은 구성원들과 진심과 애정을 가지고 대화를 시작하며 학사행정과 대학 발전을 위한 모든 문제들을 진지하게 숙의하다보면 최선의 방법으로 해결하게 되는 경험을 많이 했다.

　백 박사님이 가르쳐주신 미륵존여래불 염송도 마찬가지로, 집착과 잡념이 일어날 때마다 미륵존여래불하고 되뇌임으로써 떠오르는 생각을 멈출 수 있는 최고로 간단하고 효과적인 방법이라고 생각된다. 생각은 생각으로 멈춰진다. 쓸데없는 생각이 일어날 때마다 미륵존여래불하고 염송하면 다람쥐 쳇바퀴 도는 듯 한 잡념의 작용을 멈출 수 있음은 물론 그로 인한 모든 근심과 걱정도 사라지게 할 수 있다. 이런 연습이 습관화 되면 정신세계가 매우 편안해지는 체험을 할 수 있다. 극락이 따로 있는 것이 아니라 평화로운 마음 상태가 바로 극락이다. 미륵부처님이 머물고 계시다는 도솔천이 바로 그런 세상이니 잡념이 일 때마다 모든 생각을 미륵존여래불하고 바치는 것은 여러모로 유용하다. 내가 청년 시절 취업이 안 돼 끊임없이 걱정을 하다가 삼천 배 수행을 통해 걱정에서 벗어났던 것과 같은 원리다. 마냥 걱정한다고 해서 해결되는 일은 아무것도 없다. 오히려 그 걱정을 끊어내는 수행을 함으로써 마음의 평화를 찾았더니 원하던 바가 거짓말처럼 이뤄지는 체험을 했다. 평화로운 마음, 모든 것을 내려놓은 마음상태가 그에 걸맞은 만족스러운 결과를 불러온다는 것을 알게 되었다.

　우리가 얼마나 쓸데없는 걱정을 하느라 주어진 삶을 제대로 살지 못하는지를 잘 보여주는 유명한 심리학 연구도 있다. 심리학자 어니 젤린스키[Ernie J. Zelinski]가 연구한 바에 따르면 걱정의 40%는 절대 현실로 일어나지 않는 것들이다. 30%는 이미 일어난 일에 대한 걱정이며 22%는 사소한 걱정이다. 나머지 4%의 걱정거리는 우리 힘으로 어쩔 도리가 없는 일에 대한 것이다. 그러니 걱정을 붙들고 있어봐야 시간만 낭비하는 꼴이 된다. 더 많은 걱정거리가 꼬리에 꼬리를 물고 나타날 것이다. 이럴 때 미륵존여래불 염송은 걱정이라는 다람쥐 쳇바퀴의 작용을 끊고 밝고 청정한 부처님 마음자리로 돌아갈 수 있는 좋은 방법이 될 수 있다.

불교가 생활이며 과학인 시대가 열린다

"하늘 위, 하늘 아래 오직 나만이 존귀하다!"

이른바 "천상천하 유아독존"으로 유명한 부처님의 탄생 게송에 앞으로 백성욱연구원과 우리나라 불교의 나아갈 바가 담겨 있다. 무슨 소리냐고? 답을 내놓기에 앞서 우리가 살면서 괴로운 이유부터 살펴보자. 왜 괴로운가? 왜 불행할까?

나와 남을 비교하는 데서 불행이 시작된다. 우리 집보다 이웃집이 더 잘 살고 내 남편보다 친구의 남편이 더 훌륭하고 나보다 내 동기가 먼저 승진하고⋯. 그런데 이런 비교가 다 소용이 없다는 게 부처님의 가르침이다. 애초에 비교 자체가 성립하지 않는다는 것이다. 물과 불을 어떤 것이 좋다 나쁘다 비교할 수 없듯 나는 남과 비교할 수가 없다. 부처님 말씀처럼 나라는 사람 하나가 우주 전체에서 딱 하나 존재한다고 볼 수밖에 없을 만큼 유일무이하며 유아독존인 존재이기 때문이다.

나라는 존재는 과거나 미래나 앞으로도 딱 하나 밖에 없다는 게 오늘날 현대과학이 밝혀낸 천상천하 유아독존의 실체다. 생명학적 관점에서 볼 때 우리 각자가 지닌 고유성이 10의 400승 분의 1로 계산된다고 한다. 나라는 개인의 고유함이 무려 10의 400승 분의 1의 확률이라니 불교에서 어마어마하게 큰 숫자를 말할 때 쓰는 표현이었다는 불가사의가 떠오른다.

하나의 생명이 탄생하는 과정만 봐도 각각 떨어져 있던 정자와 난자가 만나는데, 이때 정자 하나가 만들어지려면 약 100번의 세포 분열 과정이 필요하고 난자 또한 적어도 30번의 분열 과정이 필요하다고 한다. 남자와 여자의 몸에서 나간 정자와 난자가 다시 자식이라는 모습으로 만날 때 엄마와 아빠의 염색체들이 나뉘는데 이때도 23쌍의 염색체들이 서로 뒤섞인 채로 새로운 정자와 난자에 담기게 된다는 것이다. 각 정자와 난자의 주인들이 무작위로 서로를 선택하여 한 아이가 탄생하고 이 모든 과정을 통해 이 아이가 지니게 되는 유전정보의 고유성은 10의 400승 분의 1에 해당하는 것으로 나온다. 이 고유함이 우리 각자가 지닌 정보의 정체성이니 천상천하 유아독존은 그야말로 과학인 것이다. 불교는 그래서 과학이다. 백 박사님이 금강경을 설명하실 때 과학 이야기를 많이 하신 이유도 여기 있을 것이다. 나 자신이 이렇게나 존귀하고 이 세상에 오로지 딱 하나, 유일무이 유아독존의 존재라는 것은 내가 바로 우주의 출발점인 동시에 종착점이라는 세계관과 맞닿아 있다.

놀랍게도 세상이 나를 기준으로 성립한다는 것은 과학적으로 증명된 사실이다. 현대 물리학의 기초인 양자역학에 따르면 내가 바라보지 않을 때는 저 하늘의 달도 존재하는 것이 아니다. 내가 상자를 열어 확인하기 전에는 상자 속 고양이가 죽지도 살지도 않은 상태로 존재한다. 도깨비장난 같은 소리지만 오늘날 현대과학이 털어놓은 세상의 실체가 실로 이와 같다. 세상 모든 기준점은 바로 나로부터 시작하므로 천상천하 유아독존이다. 이런 내가 우주에 존재할 확률은 로또 1등할 확률인 8,145,060분의 1보다도 훨씬 어려운 수준이라고 한다. 내가 태어나 이 세상에 존재할 확률에 비하면 로또 1등은 쉬운 확률에 속하는 것이다. 부처님은 이런 사정을 잘 알고 계셨다는 듯 누구나 근본 성품은 부처와 다르지 않고 부처가 될 수 있다는 가르침을 펼치셨다. 그것도 무려 2천 500여 년 전, 신분제도가 당연하다고 여길 때 이를 반대하며 인간이 재물이나 신분 등에 관계없이 평등한 존재임을 설파하셨다. 오늘날 이런 귀중한 가르침의 의미가 퇴색되고 불교가 노인들이나 믿는 종교로 여겨지고 있는 것이 안타깝다. 불교야말로 과학적인 종교이며 사찰이나 종교인에 의지하지 않고도 스스로 마음공부와 인생의 지혜를 배우고 실천할 수 있는 유일한 종교가 아닌가 생각한다.

나는 오래전부터 부처님이 사찰에 계신 것이 아니고 우리 마음에 있다고 여겨왔다. 그러나 그것을 자각하기가 쉽지 않기 때문에 의식이 있게 된다. 그래서 매일같이 아침저녁 예불을 보는 자기 집을 법당으로 만드는, 즉 가정을 법당으로 만드는 운동과 가정에 부처님 모시는 운동을 전개하자고 주창해 왔다. 백성욱연구원이 백성욱 박사님 연구를 통해 펼쳐나가고자 하는 바도 이와 다르지 않다고 본다. 백 박사님이 주창하신 금강경 독송과 미륵존여래불 염송 등의 수행법은 누구나 가정에서 할 수 있어 불교가 생활 그 자체가 될 수 있는 최고의 방법이다.

　백 박사님의 진리탐구 정신 및 수행정신을 본받아 전통적 불교에서 현대적인 한국불교로 새로운 진로를 개척하는 일이 시급하다. 불교가 생활이고 과학인 시대를 맞을 준비가 필요하다. 그 중심에서 백성욱연구원이 빛나는 역할을 할 수 있기를 "미륵존여래불" 염송으로 기원해 본다.

"나는 오래전부터 부처님이 사찰에 계신 것이 아니고
우리 마음에 있다고 여겨왔다."

❋금강경 공부 : 내 안의 빛을 찾는 수행

김양경(전 동승어패럴 사장)

일사천리로 이뤄진 백성욱연구원 발족

부처님께서는 생은 고이며 그 고통의 원인을 '무명^{無明}'이라고 하셨다. '무명'은 '밝음이 없다', '어둡다'는 뜻이다. 곧 빛을 비추면 환히 알아질 일을 어둡기에 그 실상을 알지 못해 어리석다는 것이다. 누구나 환해지면 그냥 보고 알 수 있다. 이런 이치를 모르기 때문에 괴로운 것이 인생인 셈이다. 결국 이 괴로움에서 벗어나는 길은 온전히 알아가는 것, 즉 밝아지는 것 밖에는 없다.

내가 백 선생님을 알게 되고 불교 공부를 시작한 것도 무명에서 벗어나려는 시도였다. 꾸준히 선생님의 가르침대로 수행을 생활화해오던 중, 2018년 여름 〈만해와 백성욱〉을 주제로 열린 학술 세미나에서 "아하!" 의 순간을 맞았다. 미륵존여래불 염송과 금강경독송이라는 생활 속 불교 수행법을 알려주신 백 선생님과 우리나라 근대 불교를 대표하는 만해 한 용운 스님과의 특별한 인연을 알게 되었기 때문이다. 그야말로 '무명'이 '계몽啓蒙'으로 바뀐 순간이었다.

두 분 모두 일제강점기하에서 불교의 중흥 및 근대화에 힘썼고 독립운동, 후학 양성 등의 역사적 사명을 적극 실천하며 수행 공동체를 이끌었다는 공통점이 있다는 취지의 세미나였다. 백 선생님이 승려이자 독립운동가, 정치가, 불교사상가, 교육자 등 다양한 역할을 오가며 보여주신 놀라운 행보 속에 만해 한용운 스님과의 숨겨진 이야기들이 있어 다시금 백 선생님의 위대함을 느낄 수 있었고, 그만큼 백 선생님을 따르는 제자들조차도 백 선생님에 대해 제대로 알고 있지 못하다는 아쉬움도 커졌다.

금강경 독송과 미륵존여래불 염송 등의 불교적 가르침도 중요하지만 백 선생님의 생애와 사상을 제대로 알고 연구해 본적이 없었다는 반성도 많이 하게 되었다. 그 시대를 함께하며 비슷한 길을 걸었던 한용운 스님의 제자분들과 지인들은 한용운 스님의 업적과 생애를 세상에 알리고 이를 본받는 연구와 세미나를 계속 해 오셨다는 것에 감명을 받은 동시에 나는 여태껏 백 선생님의 가르침을 따르기만 했지 그것을 발전시키고 널리 알리는 일에 소홀하지 않았는가하는 자책이 들었다.

당시 건강상의 이유로 주변 정리를 하며 나의 삶을 돌아보던 시기였던 것도 한 몫을 했다. 나는 무언가 어쩌면 마지막으로 뜻 깊은 일을 하고 싶다는 원을 세우게 되었다. 그 결과 가까이 지내던 도반들에게 백 선생님을 연구하고 그 업적과 가르침을 널리 알리는 취지의 학회를 만들자는 제안을 하게 되었다. 깜짝 발표 같은 일이었고 학회를 위한 후원은 나와 윤근향 보살이 맡겠다는 계획이 있었다.

놀랍게도 내가 발의를 하기가 무섭게 백성욱연구원이 일사천리로 발족되었다. 오랜 도반이자 친구인 정천구 박사가 정관을 만들고 등록을 하는 등 총대를 메고 도솔천 도반들이 동참하여 공동 설립자가 되었다. 오래전 정 박사의 《금강경 독송의 이론과 실제》를 펴내면서 발족된 '금강경 독송회'를 만들 때가 생각났다. 그 시절 백 선생님이 열반에 드시고 그 가르침을 소중히 여긴 제자들이 모여 만든 것이 금강경독송회중앙회였다. 그때는 참 모두가 신심이 대단하던 시기여서 〈법회소식〉이라는 작은 책자도 만들고 열심히 금강경 독송을 하며 회원을 모으고 정기법회를 열었다. 한창 잘 되고 있을 때 김동규씨에게 회장직을 물려주고 돌아가면서 운영하도록 맡겼는데 세월이 흐르면서 따로 법당을 내는 도반들도 생기고 결국엔 유야무야되고 말았다.

그때의 아쉬움이 남았던 차라 이 기회에 백 선생님을 종교적으로만 따를게 아니라 백 선생님이라는 인물 그 자체로, 시대를 앞서 다방면에서 탁월한 성취를 이루시고 조국을 위해 이승만 대통령을 도와 위대한 일을 해내신 생애와 업적 등을 제대로 연구해보면 좋겠다는 생각에 백 선생님을 기억하고 아직도 그 가르침을 따르고 있는 많은 도반들이 뜻을 모아 주었다. 그렇게 백성욱연구원이 탄생해 벌써 수차례에 걸쳐 크고 작은 세미나가 열렸고 이제 연구원의 첫 책인《금강경 독송과 마음 바치는 법》이 이렇게 세상에 나오게 되었다. 중년의 나이에 뿌려놓은 씨앗이 노년이 되어 아름답게 꽃피운 것을 보는 것이 꼭 이런 심정이 아닐까 싶다.

친구 따라 법당에 간 이유

'친구 따라 강남 간다'는 속담이 있다. 별 생각 없던 일을 남이 하니까 덩달아 하게 된다는 뜻이다. 내 경우가 꼭 그랬다. 평소 고향 친구로 막역하게 지내던 정천구 박사가 갈수록 얼굴에서 빛이 나고 말과 행동이 사뭇 달라졌다는 생각에 이유를 물으니 의외의 대답이 나왔다. 백성욱 박사님이라는 선지식을 찾아뵈며 불교 공부를 하고 있다는 것이었다. 무슨 공부를 하기에 사람이 그렇게 달라질 수 있을까 싶어 호기심이 생겼다. 한창 내 사업을 일궈가고 있던 때라 바쁘게 지내던 차였지만 항상 젊을 적 못 다한 공부를 계속 하고 싶다는 열망이 있던 나였기에 정천구 박사가 하고 있다는 불교 수행법을 나도 해보고 싶다는 생각이 들었다. 몸과 마음을 닦는 공부야 말로 당시의 나에게 가장 필요한 공부가 아닌가 싶었다.

그렇게 친구 따라 강남 가듯 정 박사와 이선우씨를 따라 삼선교에 있던 장선재 보살님의 법당으로 가게 되었다. 백 선생님을 직접 만나 뵐 수도 있지만 워낙 연로하실 때여서 금강경 공부를 하고 싶은 사람들은 우선적으로 삼선교 법당을 찾아 장선재 보살님의 지도하에 스스로 수행할 수 있게끔 도움을 주신다고 했다. 그렇게 장 보살님을 뵙고 들은 첫마디가 "그래, 선근은 있구만"이었다.

얼떨결에 2층 법당으로 올라가 탱화가 걸려있는 곳에서 처음으로 금강경을 읽어 봤다. 새카만 한자를 줄줄 외다시피 읽는데 첨에는 멋모르고 따라만 했다. 한자의 음을 따서 한글로만 되어있는 금강경을 읽는 것조차도 벅차게 느껴졌다. 정 박사는 하루에 금강경을 7독도 한다는데 이걸 어떻게 하지 싶었지만 어쨌거나 정 박사를 따라 한번 해보자고 마음먹었다. 그리고 나서부터는 사업차 출장 가는 길에 고속버스 안에서도 어느새 금강경을 손에 쥐고 들킬까 부끄러워 숨겨가며 읽고 있는 내 자신에 놀라기도 했다.

열심히 금강경을 읽다보니 어느새 습관이 돼서 집에서도 금강경 읽는 자리를 마련해 놓고 나름대로 예를 갖춰 삼배를 하고 금강경 독송을 꾸준히 하게 되었다. 어느 날은 그냥 무턱대고 금강경을 읽는 것보다 뜻을 알고 읽으면 얼마나 좋을까 싶어 종로서적을 가서 금강경 해설서를 찾아보기도 했다. 그런데 여러 권의 해설서를 읽어봐도 그다지 명쾌하게 이해되는 것은 없어 답답한 마음이 들었다.

삼선교 법당에서도 금강경 해석을 해주시진 않았기에 왜 그럴까 싶으면서도 스스로 뜻을 찾아가라는 가르침이라 여겨 묵묵히 금강경 독송을 계속했다. 때마침 정 박사가 <불교사상>이라는 계간지에 백 선생님을 만나 금강경 공부를 하게 된 이야기를 시리즈로 연재하게 되었디. 평소 정 박사와 만날 때마다 백 선생님 이야기를 종종 듣긴했지만 글로 접하는 백 선생님의 가르침과 금강경 해설은 가뭄에 단비를 만난 양 반갑고 고마운 것이었다. 나는 그 글들이 너무 좋아서 잡지가 나올 때를 기다렸다 반복해 읽고 또 읽었다. 그러다 연재가 끝나니 아쉬운 마음이 너무 컸다. 나 같은 사람이 꽤 있지 않을까 싶은 생각이 들어 어느 날 정 박사에게 연재 글을 묶어 책으로 내자는 제안을 하게 됐다. 정 박사도 백 선생님의 가르침을 널리 알릴 수 있는 기회라 생각해서 동의를 해주었고 그때부터 내가 총대를 메고 책 만들기에 나서게 되었다.

당시만 해도 식자공이 활자본을 만들던 때였다. 서대문 신흥 인쇄사를 찾아 책작업에 들어가고 첫 인쇄본이 나왔는데 그럴듯했다. 첫판은 1986년 보림사에서 비매품으로 만들어 법공양판으로 썼는데 반응이 워낙 좋아서 같은 해에 다시 보급판을 찍게 되었다. 보통 출간한지 5년 정도 세월이 흐르면 절판 되는 책이 대부분이지만 《금강경 독송의 이론과 실제》는 1991년 재출간 되고 또 다시 1997년에 개정판 나오고 최근엔 출간한지 33년 만에 다시 개정보급판이 나오게 되면서 스테디셀러로서 자리매김을 해왔다. 그 시작에 내가 있었다는 것이 지금 생각해도 뿌듯할 때가 많다. 나는 비록 백 선생님을 직접 만나 뵙지는 못했지만 책으로

나마 그 소중한 기억에 시간과 공간을 초월해 접속하고 있다는 환희심이 든다.

《금강경 독송의 이론과 실제》를 만나게 되는 모든 독자들이 그러한 경험을 할 수 있음에 '책'이라는 고전적인 매개체가 가지는 놀라운 힘을 실감할 때가 많다. 그래서일까, 미력한 재주이지만 나 또한 수십 년간 선시를 즐겨 읽고 공부해오면서 느낀 감상을 내가 좋아하는 선시와 함께 가려 뽑아 책으로 내는 작업을 꾸준히 해왔다. 《내 무명을 밝히는 깨달음의 노래》를 시작으로 최근 《스님의 노랫말》이라는 우리 선시 49편을 선별해 해설을 곁들인 선시집을 냈다. 졸필이나마 내 책을 보고 지금은 잊혀져가고 있는 깨달음의 노래인 선시 읽기의 즐거움을 알게 될 독자들이 어딘가엔 있을 거란 생각이다. 또한 백 선생님이 가르쳐주신 불교 공부, 마음공부를 해오면서 단단해진 내 나름의 마음가짐과 한 세상을 무리 없이 즐겁게 살아온 소소한 비결을 책이라는 지면을 빌어 풀어내보고 싶었다.

호랑이는 죽어서 가죽을 남기고 사람은 죽어서 이름을 남긴다고 하는데 내 이름은 영원히 내 책에 남아 불멸의 기억이 되겠구나 싶다. 요번 백성욱연구원에서 나오는 수필집도 대중들에게 베스트셀러로 널리 읽힐 책은 아니지만 백 선생님에 대한 기억을 간직한 분들의 진심이 담겨있는 전무후무한 불멸의 기록으로 자리 잡을 것임을 믿어 의심치 않는다.

책은 그래서 힘이 세다. 아무리 정보화 시대, 디지털 세상이라고 해도 책이 가지는 아날로그의 힘은 그 무엇과도 비견할 수 없는 고유한 것이다. 한 번 세상에 태어난 책은 베스트셀러가 되지 못하더라도 어떤 식으로든 살아남아 불멸의 생을 산다. 그 기억, 다시 말해 기록의 힘은 예상치 못한 독자들을 끌어당긴다. 마치 사람의 일생이 그러하듯 책이 한 번 세상에 나오면 그때부터는 책 스스로가 고유한 삶을 살아가는 듯 보인다. 정 박사의 책《금강경 독송의 이론과 실제》가 그랬고 내 책《스님의 노랫말》도 그러하다. 이번에 세상의 빛을 본《금강경 독송과 마음 바치는 법》은 또 어떤 삶을 살아갈까가 기대되는 이유다.

세계적인 성인들, 깨달은 분들이 우주를 헤아릴 수 없는 정보가 모두 기록되어 있는 거대한 도서관으로 비유하는 것도 이런 까닭이 아닐까 한다. 한 사람의 인간도 고유한 정보로 가득 차 있는 한 권의 책이라고 비유되곤 하는데 백성욱연구원의 모든 회원 분들이 바로 그러한 양서이지 싶다. 이번 수필집은 그래서 18분의 저자들, 즉 18권의 양서에서 엑기스만을 모아 한 권으로 정리한 특별판이라는 생각이다.

꿈에서 본 선생님

금강경을 읽으면서 내가 느낀 가장 큰 변화는 백색광명이 펼쳐지는 세계를 만나게 된다는 것이었다. 무슨 소리인지 궁금할 것이다. 나도 한참 동안 이런 경험이 무엇을 뜻하는 것일까 곰곰이 생각해봤지만 아직 이렇다 할 답을 얻은 것은 없다. 금강경을 계속 반복해 읽다보면 내가 별로 환한 곳에 있는 것도 아닌데 백색광명이 오면서 무아지경에 드는 체험을 하곤 했다. 세상에 그렇게 좋을 수가 없는데 자꾸 이 상태가 되었으면 좋겠는데 자주 겪는 체험은 아니었다.

한번은 경을 읽다가 눈물이 엄청나게 나는 현상도 겪었다. 백 선생님의 가르침을 직접 받지는 못했지만 경을 읽는 게 이렇게 변화를 주는구나, 내가 많이 정화되고 밝아지는 느낌이 참 좋다는 생각을 했다. 그래서 사업을 일궈나가는 중에도 작게나마 법당으로 쓸 공간을 얻어 추운 겨울에도 혼자 청소를 하고 선생님 사진을 거기다 걸어놓고 금강경을 읽었다.

정 박사의 《금강경 독송의 이론과 실제》를 법공양으로 많은 사찰에 보급하기도 했다. 그 덕분인지 사업이 잘 됐고 적절한 시기에 사업을 정리해 여유롭게 지낼 수 있게 되었다. 평생 불교신자로서 종교 생활을 해온 셈이지만 그 어떤 절에도 속해본 적이 없고 아무리 유명하다는 스님도 모셔본 적이 없었다. 다만 백 선생님의 가르침에 귀의해 내 집과 내 사무실을 법당 삼아 한 평생을 살아왔다. 나만의 방식으로 자수성가를 이뤄온 내 삶처럼 나의 종교관도 이와 같이 수행과 삶이 따로 있지 않고 사찰이나 성직자에게 무조건적으로 의지하지 않는다는 신념이 있었다. 누구에게나 불성이 있으니 내 안의 부처님을 만나 스스로 그 불성을 밝히라고 하는데, 백 선생님의 금강경 독송 수행법이 이와 비슷한 가르침이 아닌가 싶다.

내 인생에서 가장 힘들었던 때를 꼽는다면 나의 아버지가 돌아가셨을 때가 아닌가 한다. 백방으로 수소문을 해가며 아버지의 병을 고치려 노력했지만 결국엔 안타까운 임종을 맞으셨기에 밤만 되면 아버지 꿈을 꾸며 베게가 젖을 정도로 우는 일이 많았다. 꿈에서라도 매일 보고 싶었던 아버지이기에 길거리를 지나다가도 아버지와 연세가 비슷한 분을 보면 내 아버지를 보듯 좋았다. 그렇게 슬픔에 젖어 살던 중 또 꿈을 꾸었다. 백 선생님이 꿈에 나오셨는데 다리만 보여서 "선생님!"하고 쫓아갔다. 그런데 양쪽 풀숲에 벌레가 많아 이상한 느낌이 들었다. 문득 선생님께서 나를 아버지 산소로 데려다 주셨는데 그래도 선생님 얼굴은 볼 수가 없었다. 산소를 내려오면서 보니 풀숲에 벌레가 하나도 없어서 신기한 생각이 들었다.

놀라운 것은 이 꿈을 꾸고 나서부터 더 이상은 아버지 꿈을 꾸지 않게 되었다는 점이다. 그때부터 아버지를 여윈 슬픔이 가시고 괜찮아졌다. 나중에 든 생각은 내가 선생님을 직접 뵙지는 못하고 그 가르침만 열심히 따라온 결과 꿈에서나마 선생님의 가피를 입었는데 안타깝게도 선생님의 본모습을 제대로 볼 수는 없었구나 하는 마음이 들었다.

요즈음 나는 젊어서 봉제 공장을 운영하며 얻은 폐 질환으로 조금은 힘겨운 나날을 보내고 있다. 나이가 나이이만큼 원래 가지고 있던 지병이 심해진 까닭이다. 그래도 금강경 독송을 꾸준히 해 온 덕분인지 목소리만큼은 아직도 짱짱하다는 말을 많이 듣는다. 이런 저런 생각에 젖는 일이 많아지는 요즘, 올바른 종교를 갖는다는 것은 어찌 보면 일생의 재앙을 소멸하고 삶을 수행의 장으로 만들어갈 수 있는 최고의 취미생활이 아닐까 생각한다. 나의 경우 금강경 독송과 미륵존여래불 염송 등 불교 공부가 삶을 지탱하는 즐거움이자 스트레스 해소처가 되는 경험을 해왔다. 이에 더해 평생을 함께 희노애락을 나눈 좋은 도반들을 만났고 큰 흔들림 없이 복 많은 인생을 살아왔다. 이제는 이런 체험이자 최고의 취미를 더 많은 사람들이 만나 행복한 삶을 일궈나갈 수 있도록 백성욱연구원이 길잡이가 되어 주길 바라는 마음이다.

"올바른 종교를 갖는다는 것은
어찌 보면 일생의 재앙을 소멸하고
삶을 수행의 장으로 만들어갈 수 있는
최고의 취미생활이 아닐까 생각한다."

❋ 백성욱 선생님의 가르침과 나의 불교 신앙

정재락(전 영산대 교수)

다시 만난 불교 : 평생 스승 백 선생님께 귀의하다

나의 어머니는 독실한 불교 신자였다. 그러나 불교가 무엇인지는 나의 관심사가 아니었고 다만 초파일이나 칠월칠석날 외아들인 나를 위해 머리에 쌀을 이고 절에 불공드리러 가는 어머니의 모습이 내게는 불교였다.

해방과 더불어 6.25 전란을 겪은 후의 평범한 삶을 살았던 우리 세대에게 종교란 무슨 의미였을까. 어쩌다 어머니의 손에 이끌려 가게 되는 절의 이미지는 어딘지 어두침침했다. 삭발을 한 스님들이 알 수 없는 웅

얼거림 속에 불상을 향해 수없이 절을 하고 향을 피워대는 모습이 다였다. 반면에 해방 이후 마을마다 생겨나는 교회는 미국 영화처럼 세련된 문화적 감성이 있었다. 과자도 주고 노래도 부르고 연극도 했다. 남녀유별이었던 시대에 교회는 유일하게 남녀가 함께 놀 수 있는 개방 공간이니 청소년기의 우리에게는 그야말로 천국이나 다름 아니었다. 오죽하면 마을 어른들 사이에 교회는 연애당이라는 빈정거림을 받았을까.

그러던 나에게 불교가 새로운 모습으로 각인되던 때를 잊을 수 없다. 대학을 졸업하고 대한항공에 입사했던 이십대 후반 무렵에 같은 과 동기로 막역하게 지내던 지금의 정천구 박사를 광화문의 어느 다방에서 만난 차였다. 취업을 위해 몸부림치던 나를 포함한 대다수의 동기들과는 달리 어려운 고학생 처지에도 의연하게 대학원에 진학한 그의 근황이 궁금했던 터였다. 이런 저런 이야기를 나누다 이 험한 세태를 살아가려면 종교가 필요한데 어떤 종교가 우리에게 맞을까 담론하던 중 뜻밖의 사실을 알게 되었다. 정 박사는 이왕이면 우리 민족 종교이면서 철학이 심오한 불교가 좋지 않겠는가 하면서 자신은 고등학교 시절 조계사라는 절에서 불교청년회라는 단체에 참여하여 그 유명한 효봉스님으로부터 계를 받은 적도 있다고 했다. 불교가 어떤 종교인지 알 기회가 없었던 내게 그는 '쇠뿔도 단김에 뺀다'는 속담처럼 바로 근처에 조계사라는 절이 있는데 거기 가면 옛날처럼 청년회 같은 단체도 있고 교리도 알려주는 모임이 있을 터이니 지금 당장 가보자고 권유하는 것이었다.

그의 안내로 조계사에 가니 지금의 대웅전과 그 뒷마당에 조그만 적산가옥 한 채가 있었다. 거기 유리문을 통해 안을 들여다봤더니 젊은이 대여섯 명과 법사 같은 분이 강의를 하고 있었다. 친구는 깜짝 놀라며 강의를 하시는 분이 옛날 청소년 법회를 지도하시던 바로 그분이라는 것이다. 우리는 바로 법회에 들어가 그 분의 '금강경'강의를 듣기 시작했는데 시절 인연인지 묘하게도 금강경 제1품을 강의하시고 있었다. 불교의 심오한 가르침을 처음으로 접한 나에게는 '금강반야바라밀경'이라는 제목조차 가슴 떨리도록 흥분되고 새로운 세상에 발을 딛는 황홀함으로 다가왔다. 지금도 기억나는 내용은 다음과 같다.

"금강은 물질 중에서 제일 단단하다고 한다. 어떻게 그렇게 단단하게 되었을까? 인도의 뒷벽 히말라야 산맥에서 제일 높은 봉우리는 에베레스트로 그 높이가 무려 팔천팔백여 미터가 되는데 그와 같은 산이 솟아오를 때의 열과 힘은 거의 측정이 불가능한 초고온 초압력일 것이다. 그러한 에너지가 지나간 단층 근처에 있던 물질들은 변하게 되는데 그 중 탄소는 꺼멓던 것이 하얗게 되고 단단하여 다시는 부서지지 않는 금강석, 다이아몬드가 된다고 한다. 그러니까 금강반야란 반야 중에서도 다시는 부서지지 않고 변하지 않는 반야인 것이다. 그러므로 석가여래께서 이 금강반야바라밀경을 통해 말씀하신대로 행하면 우리도 꼭 밝아질 수 있고 밝아만 지면 다시는 컴컴해지지 않을 것이라는 뜻에서 그런 이름을 붙였을 것이다."

내가 여러분들에게 하고 있는 이 금강경 해석은 나의 해석이 아닌 저 소사에 계신 살아계신 부처님이신 백성욱 박사의 해석을 그대로 여러분에게 전할 뿐이라며 우리에게 금강경을 해석해 주시던 윤영흠 법사님의 얼굴은 환희에 차서 밝게 빛났었다. 그렇게 마지막 32품을 마친 후 우리를 드디어 소사에 데려다 주셨고 나의 평생 스승이 되신 백 선생님과의 인연이 시작되었다. 우리의 이런저런 질문에 답해주시던 선생님의 모습은 내게는 꼭 돌아가신 나의 아버님처럼 다정하고 자애로운 모습이었다. 후일 당시 백 선생님의 목장에서 수도하던 김재웅 금강경독송회 회장님으로부터 전해들은 바로는 우리가 돌아간 후 백 선생님께서 "재웅아, 오늘 윤영흠이를 따라 인도에서 티베트로 다니며 그의 밑에서 수도하던 이들이 다녀갔다"고 하셨다고 한다.

금강경 공부를 왜 해야 하나

본래 나는 불교학을 전공하는 학자도 아니고 본격적으로 수행의 길로 접어든 여느 도반들처럼 처한 환경, 혹은 극심한 좌절 끝에 삶의 회한을 느껴 이를 해결해주는 구원의 진리를 찾던 사람이 아닌, 서구식 교육을 받으며 자란 그저 평범한 사람이었다. 그런 내게 윤영흠 법사를 통해 전해들은 금강경 해설은 매우 새로운 경험이었고 충격이었다. 우리 역사 속에 내재되어있던 이 위대한 부처님의 가르침을 여태까지 모르고 살아왔다니!

이후 나는 여러 법회들을 섭렵하며 무진장한 감로의 불법을 듣고 감동받곤 하였다. 그러나 깨달음을 얻으려면 '이뭣고' 화두를 들고 참선을 하는 게 최고다, 그러다가 팡 터지면 깨달아 부처가 되어 갑자기 세상을 주름잡는다는 식의 비약을 나는 이해하기 힘들었다. 아니면 그저 관세음보살, 석가모니불을 되뇌는 염불 수행을 열심히 해야 한다는 등 도대체 뭐가 옳은 건지 갈피를 잡을 수가 없었다. 그러면서도 참선하는 스님들은 내심 극락가기나 바라는 염불수행은 낮은 단계의 수행이라고 은근히 낮게 보는 경향마저 있어 이건 뭐 종교계나 속세가 다를 게 뭔가 하는 마음의 갈등마저 생기게 되었다.

불교는 부처님의 가르침이다. 백 선생님께서는 어느 때 나의 질문에 답하시면서 과학자이며 노벨상 수상자였던 폴란드 태생 퀴리 부인과 아인슈타인 두 사람의 예를 들으시며 엄밀한 의미에서 퀴리 부인은 다른 실험을 하다가 우연히 X-선을 발견한 것이지 과학적 공식을 만들어 그 공식에 의해 발견한 것이 아님을 말씀하셨다. 반면 아인슈타인은 과학적 공식인 방정식을 탐구, 발견하여 거기에 대입하여 수많은 우주의 문제를 풀고 활용했으므로 과학자라고 하셨다. 그러므로 우리는 불교를 대할 때 이천 오백년 전 석가모니 불타께서 몸소 탐구하시고 체험하여 끝내는 열반에까지 이르신 방법을 마음에 새겨 실행해야한다는 것이다. 같이 공부하며 법문을 들었던 도반 정천구 박사가 저서 《금강경 독송의 이론과 실제》에서 선생님이 말씀하신 이러한 방법론을 정리해 놓은 바 있어 여기에 간략히 소개해 보면 다음과 같다.

부처님께서 성도하신 후 사십구 년 동안 설법하신 방법론의 내용을 후세의 학자들이 편의상 네 카테고리로 분류하였다. 처음 12년 동안 인도라는 견디기 어려운 기후 조건에서 겪는 더위와 가뭄 홍수 그리고 가난이라는 고통을 해결해주기 위한 고^{苦}, 집^{集}, 멸^{滅}, 도^{道} 사제법문과 이를 위한 수행방법인 여덟 가지 바른 행위인 팔정도를 가르치신 결과 그들은 괴로움의 근본을 깨쳐서 능히 극복할 수 있게 되었는데 이를 '아함부'라고 규정하였다. 다음은 계급 문제이다. 이는 아리안 족이 인도를 정복하고 원주민을 통치하기 위한 수단으로 이른바 우주 창조설을 퍼뜨려 태어날 때부터 계급을 정해놓으니 하층계급의 민중들은 날 때부터 차별대우를 받으며 매우 고생들을 하고 있었다. 석가여래께서는 이에 대해 모든 사람은 절대 평등하다고 말씀하셨다. 단지 스스로 원인 지어 결과를 받을 뿐 다 근본은 같으니 누구나 수도하면 부처를 이룰 수 있다고 가르치셨다. 이와 같이 모든 사람이 차별 없이 똑같다 해서 '방등부^{方等部}'라 하는데 그것을 팔년 동안 가르치셨다. 이렇게 이십년 동안 가르치시다 보니 그 모두가 한마음 밝지 못해서 벌어지는 일들이었다. 그래서 '한마음 닦아서 성불하느니라'하셨던 것이다. 그 반야부를 세수 오십 세부터 칠십일 세까지 장장 이십일 년을 설하신 것을 보면 그 중요성을 알 수 있을 것이다. 이후 열반하실 때까지 팔년 동안 말씀하신 내용을 '법화열반부'라고 하는데 이는 불교의 유통문제를 말씀하신 것이라고 한다.

그 중 우리에게 절실히 필요하고 장장 이십일 년에 걸쳐 말씀하신 육백반야를 모두 함축한 경전이 바로 금강반야바라밀경金剛般若波羅密經이라고 백 선생님은 말씀하셨다. 그리고 우리에게 금강경을 통한 수행 방법과 삶의 여러 문제들을 금강경식으로 해석해 주시고 그 원인을 내 안에서 찾아 긍극적으로 열반에 이르는 길을 안내해 주셨으니 백 선생님이야말로 우리에게는 부처님과도 같으신 분이시다.

미륵존여래불 염송 : 상을 그리지 말고 그냥 바쳐라

"아침저녁 영산회상에서 석가여래 앞에서 강의 듣는다는 마음으로 규칙적으로 금강경을 독송하고 무슨 생각이든지 떠오르는 생각에 대고 '미륵존여래불'하며 그대의 생각을 모두 부처님께 바치라. 그러면 어디서 왔는지 모르게 상쾌한 느낌과 든든하고 새로운 힘이 솟을 것이다. 이것이 바로 부처님의 가피력이다. … 그러면 이렇게 자꾸 부처님께 바치는데다 바치고 나면 바친다는 생각이 하나 남아있게 되고 그 바친다는 생각마저 바쳐 제도하고 나면 한 중생도 제도 받은 자가 없느니라고 부처님께서는 금강경에서 말씀하셨다."

이런 백 선생님의 말씀에서는 어떤 논리적 비약이나 모순도 발견할 수 없었고 또한 어느 법회에서도 들을 수 없었던 새로운 내용으로, 일상생활에서 부처님의 가르침을 용이하게 실천할 수 있는 방법들이었다. 그러나 절에서 관세음보살, 석가모니불 염송을 하다 갑자기 '미륵존여래불'

로 바꾸려니 거북하고 또 그간 미륵불을 자처한 많은 사이비종교가 세간의 물의를 일으킨 사건들도 생각나지 않을 수 없었다. 이 같은 우리의 우려에 대해 선생님께서는 다음과 같이 말씀하셨다.

"부처님이 어떠한 분인지를 마음에 그리지 말라. 미륵존여래불은 다음에 오실 부처님이니 하는 분별 또한 갖지 말라. 부처님은 형상이 없는데 상상하는 것은 제 마음이니 깜짝 놀라 다만 미륵존여래불하고 바쳐라."

또 선생님은 우리에게 절에 모셔진 불상 앞에서 절을 할 때 생각 없이 불상에 대고 무조건 절하지 말고 '부처님'하는 생각을 하며 절을 하는 것이 옳다고 말씀하셨다.

"만들어진 불상에는 정신이 없어야 하는데 사람들이 거기에 자기 정신을 쏙 뽑아 얹어 놓고 절을 하니 정신이 없어야 하는 불상에는 정신이 있으니 도깨비가 될 것이고 정신이 있어야하는 사람은 정신이 없어 졌으니 허깨비가 될 것 아닌가. 그렇게 도깨비하고 허깨비가 서로 어울리면 거기 재앙밖에 생기지 않겠는가."

선생님께서는 종종 칸트에 관한 일화들을 말씀해주시기도 했다. 칸트는 어린 시절 외나무다리를 잘 건넜다고 한다. 다른 아이들은 좁은 외나무다리를 건너다 빠지기 일쑤였는데 칸트는 한 번도 빠지지 않아 "넌 어떻게 그럴 수가 있니?"하고 물으니 그가 답했다고 한다. "그거 아주 간단해. 난 절대로 다리 밑을 보지 않거든. 오로지 다리 건너편만을 보고 건너면 빠지지 않아" 이런 칸트의 에피소드는 특히 나 같은 사람에게 주시는 가르침으로 어떤 목표를 정해 놓으면 오로지 목표만을 향해 나아갈 뿐 그에 얽힌 잡다한 사항들을 들여다볼 필요가 없다는 뜻이 아닐까 한다.

우리는 처음부터 소사에서 선생님을 친견하고 아침저녁 금강경을 읽고 일어나는 생각들을 부처님께 바치라는 가르침만을 알고 실행하려 노력했던, 어찌 보면 백 선생님의 소사 세대라 할 수 있다. 그런데 선생님께 다니던 많은 그룹들이 있어 그 분들의 이야기를 들을 기회도 생겼고 선생님 입적 후에는 금강산에서 손혜정 보살님과 백 선생님 지도하에 수도하셨다는 김기룡 선생님이 출판하신 《금강산 수도에 미륵존여래불 친견기》라는 책을 읽게 되었는데 당시의 수도 분위기와 공부 방법은 소사와는 매우 다른 것을 알게 되었다.

우리는 아침저녁 금강경을 읽고 부처님께 바친다는 생각으로 '미륵존여래불'을 염송하며 정진했으나 금강산 수도에서는 '대방광불화엄경' 정진을 했다는 것이다. 이에 대해 우리는 감히 여쭤볼 엄두를 내지 못했다. 그러다 언젠가 다른 제자 한분이 '대방광불화엄경' 정진과 '부처님께 바친다는 것'에 대해 선생님께 질문했다고 한다. 이때 선생님께서는 "금강경 제3품에서 '모든 보살 마하살은 존재하는바 일체 모든 중생들을 한 중생도 남김없이 다 열반으로 인도하여 제도하라'고 하셨는데 부처도 아닌 내가 어찌 모든 중생들을 제도할 수가 있겠는가? 나는 이 해답을 구하기 위해 금강산에서 갖은 고생을 다 하였는데 너희들은 내 덕분에 편하게 공부하는 줄 알아라"고 답하셨다고 한다. 그러니까 열반으로 인도하여 제도하는 대상을 밖에서 찾지 않고 내 마음에 떠오르는 생각을 중생으로 보고 그 생각들을 부처님께 바쳐 제도 받게 한다는 방법을 깨치신 것으로 나는 이해하고 있다.

후일 백 선생님 소사 도량에서 수도하시던 제자들이 선생님의 허락하에 독송용 금강경을 찍어 여러 사찰과 지인들을 통해 발품을 팔며 널리 보급하고 금강경 독송 권장을 한 결과 오늘날 사찰에서는 어디서나 금강경 강의와 독송이 활발하게 이뤄지게 되었다.

1968년 초여름 소사 도량에서 수도하던 김동규 선배 도반께서는 숙세의 인연으로 환속한 후 원을 세워 최초로 독송용 금강경을 발행하고 그의 사가에서 백 선생님을 모시고 인연 대중들을 위한 금강경 법회를 열였다. 이 법회의 서두에서 하신 백 선생님의 법문은 지금 현재 우리에게도 그대로 적용될 수 있다 생각되기에 여기 소개하며 글을 마치고자 한다.

"요새 불교를 현대화. 대중화. 생활화해야 된다고 깃발을 세우고 야단들인데 여러분은 이 세 가지를 한다고 깃발만 따라다니다간 백년하청百年河淸이지요. 첫째 불교를 현대화 한다고 시정에다 신식 법당을 건립해 놓았다 해도 불교가 현대화 된 것은 아니겠지요. 그런데 우리는 각자가 사는 각자의 집을 각각의 법당으로 삼아서 아침저녁으로 금강경을 읽으니 이것이 불교의 현대화지요. 전에는 금강경을 아무나 공부를 못했답니다. 고승들이나 공부할 수 있는 경이고 영험이 많다는 신비한 경이라 재 올리는 데나 소쇄용으로 썼지 아무나 공부할 수 없었는데 이제 우리는 아무나 공부할 수 있으니 현대화가 틀림없지요. 둘째 불교의 대중화인데 이것 역시 사람이나 많이 모였다해서 대중화가 된 것이라 볼 수는 없지요. 또 우리말로 경을 번역하는 것이 대중화의 전부는 아니겠지요. 석가여래 당시에도 사회 계급에 관계없이 찾아와서 출가하는 이를 다 받아 들였고 그들의 괴로움을 전생으로부터 지어진 원인들을 소상히 밝혀주어 괴로운 마음을 쉬게 하여 부처님께 귀의케 했는데 이렇게 돼야 대중화라 말할 수 있겠지요. 그러니 대중화 운동을 하려면 먼저 깨쳐서 밝은이가 있어야 하겠지요. 그런데 우리는 밝은이가 없어도 일어나는 생각을 때나 장소를 가리지 않고 그때그때 바로 밝으신 부처님께 바칠 수 있고 더욱이 남녀노소를 불문하고 누구나 할 수 있으니 이것이 불교의 대중화지요. 셋째 불교의 생활화인데 참선한다고 꼿꼿이 앉아 있는 것으로 생활화를 삼는다면 먹고 자고 생활해야 하는 사람들은 불교 생활화는 아예 글렀다고 해야겠지요. 그런데 부모, 형제, 처자권속, 가솔이 딸린 여러분들은 아침에 남보다 30분 먼저 일어나 금강경 읽고 저녁에는 남보다 30분 늦게 자고 금강경 읽지요. 낮으로는 주어진 일과 닥치는 모든 일을 싫다하지 않고 그 일을 하면서 일어나는 생각은 모두 부처님께 바쳐 부처님 시봉하는 마음으로 현실에 임한다면 겉보기엔 속인들의 세상일 같지만 내용은 부처님 일이 되니 마음 밝아지는 것은 당연한 일이 되겠지요. 이것이 불교의 생활화가 아니고 무엇이겠어요."

- 김동규, 《金剛經 이야기》(2009) 중에서

돌이켜보면 평범한 나의 삶이지만 그동안 참 기쁜 일도 있었고 때로 나에게는 행운이란 없는 것인가 하는 생각이 들만큼 견디기 어려운 괴로운 시기도 있었다. 그러나 이제는 기쁨도 괴로움도 세월에 묻혀 모두 흘러가 버렸다. 다만 변치 않는 일이 있다면 선생님의 가르침대로 아침저녁 금강경 읽고 순간순간 일어나는 생각을 놓치지 않으려 애쓰면서 부처님께 바칠 수 있으니 이런 가르침을 주신 선생님을 만난 것이 내 일생 최대의 행운이 아닌가.

"부처님이 어떠한 분인지를 마음에 그리지 말라."

❀내 앞에 나타난 보살 백성욱 박사님

리영자(동국대 명예교수)

　종교에 대한 굳은 신념 같은 것도 학문에 대한 깊은 이해도 없던 20대 초였다. 6.25 동란이라는 엄청난 시련을 겪은 우리의 아픔은, 나 혼자만의 상처일수 없는 모든 민족의 것이었다. 휴전 후 서울거리는 앙상하게 타다 남은 건물들이 뼈대만 남아서 여기저기 드문드문 서있는 폐허 그대로였다.

　방향타를 잃은 젊은이들이 정처 없이 이리저리 헤매고 있었고, 당시에 세계를 풍미하던 실존철학은 한국에도 상륙하였다. 나도 카뮈나 사르트르의 소설을 읽으며 '존재의 문제', '나는 누구인가', '너 자신을 알라'에 관심을 갖기 시작했다.

우연히 동아일보 신문에 커다란 광고가 난 것을 친구와 함께 발견하고 종로에 있는 대각사에 가서 강의를 들었다. 제목은 〈실존주의와 불교사상〉이라고 기억한다. 황산덕 박사와 대법선보살 그리고 고광덕 스님이 함께 기획한 일이라고 한다. 많은 청년남녀학생들이 저녁이면 유명강사들의 강의를 들으려 밀려들었다. 몇 달 연속된 불교강의는 주로 이종익 교수와 청담스님이 맡으셨고 신소천 스님이 화엄경, 원각경, 금강경 강의를 담당하셨다. 강의는 일주일 동안씩 계속 되었다.

이때 동국대 총장이신 백성욱 박사님에 대하여 도반들로부터 처음으로 들었다. 강좌가 계속되는 동안 불교에 대한 여러 가지 의문이 일어나고 막연한 호기심도 생기기 시작하게 되니까 불교계 주변을 둘러싼 소식도 접하게 되었을 무렵이었다. 백 박사님은 아주 높은 곳에 계신 어른, 어딘가 신비에 쌓인 분이었다. '6.25 동란이 터지리라고 예견하신 분'이라고 하면서 내무부장관을 역임하셨다고 했다. 종교에 대한 개념이 전혀 없었던 때라 별로 깊은 관심 없이 흘려듣는 정도로 지났다. 사람에 따라서는 지식인으로서 국제 정세에 넓은 식견을 가지고 분석했기 때문에 예측하였다고 볼 수도 있다. 그런데 후에 다시 들은바가 있다. 최의식 선생(한국은행 과장)이 원주 상원사에서 전쟁말기에 백 선생님을 가까이 시봉한 이야기다.

백 박사님은 반드시 깊은 좌선 삼매에 드셨을 때가 아니라도 함께 산행을 하시다가 멀리 앞서가는 자기에게 멈춰서라고 말씀하실 때가 종종 있었다고 한다. 가던 길을 멈추고 서 있으면 얼마 있다 갑자기 자기 앞을 커다란 구렁이가 스르르 지나가는 경우를 목격했다고 한다. 최 선생은 외모가 단아하고 인자하면서도 경건한 풍모를 지닌 분이다. 누구에게 과장을 하거나 허풍 같은 것을 떨 사람이 결코 아니다.

소사에 가면 가끔 만나기도 하고 평소에 최 선생을 알고 있었기 때문에 백 선생님에 대한 이런 편린을 들을 때면 나 스스로 감명을 금치 못했다. 시대적 민족적 아픔을 겪던 청년들에게 우상과 같던 존재가 백 박사였다는 걸 알고서는 나도 막연히 뵙고 싶은 충동도 가질 때가 있었다. 평소의 말씀 중에 종교에 대한 관용을 읽을 수가 있었으며 타종교에 대한 이상한 콤플렉스가 전혀 없는 분이였다. 실례로 백 박사님의 독일 유학시절 친지인 전규홍 박사를 부총장으로 임명하셨는데 그는 기독교인이었다고 한다. "기독교는 인천교(人天敎)로서 착한일 하는 사람이 태어나는 곳이 하늘이라고 믿는 종교이다"라고 하시면서 불교대학에 왜 기독교인을 중용하냐는 주변의 만류를 뿌리치셨다. 동대 캠퍼스에는 캐톨릭 수녀들도 많이 다니며 수학하고 있었다.

남산 중턱에 캠퍼스 본관건물인 석조관을 지을 때의 일화도 유명하다. 우연히 길을 지나가던 리승만 대통령이 지나다보고 대로하면서 건물을 짓는 주인이 누구냐고 불호령을 내렸다고 한다. 그래서 백 박사가 호출되어 갔을 때에 임시방편으로 넘긴 이야기는 아주 재미있는 일화로 회자되고 있다.

이승만 대통령과 백 박사님은 상해임시정부시절부터 막역한 사이로

6.25전란 중에 백 박사님이 내무장관직을 맡으셨을 뿐만 아니라 이 박사 귀국직후에도 백 박사와 인연깊은 손석재 보살의 배려로 돈암장에 거처를 마련하는 등 인연 깊은 사연이 많이 전하고 있다. 이승만 대통령은 노여움을 풀고 건축하더라도 훌륭하게 지을 것을 허락했지만 층은 더 높일 수가 없었다고 한다. 그 후 백 박사님은 필동 캠퍼스 확장에 심혈을 기울이다가 5.16이후 캠퍼스를 떠나셨다.

백 박사님은 내가 결정적으로 불교학을 학문의 대상으로 연구할 수 있는 계기를 마련해 준신분이다. 황대법선 보살님과의 인연으로 맺어진 대각회 회원들과의 지속적인 교류는 나의 삶의 밑거름이 되었다. 불교는 학문적 연구대상이라는 의식같은 것은 전혀 가질 수 없던 초보시절이었다. 그런데 어느 날 대법선 보살님이 동국대 불교학과에 입학했다고 하면서 우리 도반들인 김경만, 이명순, 박현회 등등에게 본격적인 불교학 연구에 매진할 것을 권하셨다.

불교는 학문적 연구대상이라는 의식 없이 그저 함께 동참할 수 있는 좋은 기회라고 생각했다. 동국대 교수진들은 거의 일본 동경이나 경도에서 학문을 연찬한 선생님들이 기라성같이 차지하고 있었다. 더구나 장학금을 수령할 수 있다는 생각은 아예 하지 못했다. 후에 알게 되었지만 백 박사님과 인연 깊은 손석재 보살이 출연한 기금으로 불교장학재단을 운영하고 계셨다. 불교학과 전체 학생들에게 등록금 전액을 수여할 계획으로 시작하였으나 우리가 아는 대로 모든 사정이 여의치 않았던듯하다.

우리는 대법선 보살 안내를 받고 본관 총장실에 들어서자 멀리 합장하신 백 선생님 모습이 보였다.

우리도 인사를 올리고 앉았는데 "아주 너희들은 복을 많이 지었구나. 훌륭한 스승을 모셨으니"라고 하시면서 우리 옆에 서 있던 대법선 보살에게 정중하게 앉기를 권하시고 우리들을 둘러보셨다. 지금 생각해보면 선생님은 한국 최초의 진정한 의미에서의 페미니스트feminist라고 할 수 있다.

백 박사님이 학교를 떠나신 후에 동국대학교는, 정두석, 김법린, 조명기, 김동익 총장으로 이어가는 동안 10년이란 세월이 흐르면서 나도 일본의 도쿄에 있는 다이쇼오 대학에서 박사과정을 마치고 귀국하면서 학교사정이 여의치 않을 때는 부천에 있는 소사의 선생님을 뵙기 위해 찾아갈 때가 종종 있었다.

선생님은 젊은 청년 몇몇과 농사를 짓고 계셨다. 서양의 축산농가에서 겨울 잡초를 저장하는 방법인 사일로를 몇 개 짓고 풀을 저장한다고 하셨다. 흔히 말하는 주경야독의 생활을 몸소 실천하고 계셨다.

문패에 여시관知是觀이라고 붙인 뜻을 알 수 있었다. 생활이 곧 관이라는 의미였다. 양식이 없으면 수행도 불가능하다. 자급자족이 단체생활을 이끌어가는 방편임을 일찍이 간파하고 계셨다. 동국대 총장시절에도 시간강사는 방학동안에 강의를 하지 않으므로 강사료가 없는 것은 당연한 일이였는데도 백 박사님께서는 강사들 모두에게 학기 중에 강의한 분량만큼의 강사료를 똑같이 지급하였다. 그 말을 들을 때 나는 절실한 생활인이 아니었으므로 귀담아 듣지 않았다. 지금 생각하면 백 박사님의 그와 같은 배려는 어느 지도자도 미처 생각하지 못한 훌륭한 처사였다. 오늘의 많은 시간강사들의 문제가 신문에 게재되면 나는 문득 백 박사님의 금도를 새삼 감탄한다. 지도자적 모습은 단순한 생활인으로서의 당면 문제뿐이 아니었다. 4.19 학생들의 의거가 전국 각지에서 아우성치며 일어났을 때 전국의 모든 총장들이 눈치를 보고 발언을 삼갈 때도 맨 먼저 앞서서 우리들 어른들이 할 일을 어린 학생들이 대신 나서 주었다고 크게 환영했던 일은 당신의 신문지상을 통해 읽을 수 있는 유명한 일화이다. 그런 백 선생님을 1970년대 이후 소사에서 직접 뵙고 궁금한 것을 여쭙고 할 수 있었던 것은 나의 큰 홍복이 아닐 수 없다.

일본에서 귀국했을 때, 나의 학교상황이 어려울 때면 뵙곤 했는데 신기하게도 선생님은 내가 여쭙고자 하는 처지를 미리 짐작하시고 방향을 제시해 주시곤 했다. 그때마다 학문의 객관적인 사실만 추구하던 나를 당황케 하셨다. 이야기가 진전되면 저 먼 전생으로까지 나를 이끌고 가실 때도 있었다. 끊임없는 나의 화두, "왜 까뮈는 이방인의 주인공 뫼르소가 살인을 하고도 태연스럽게 자기 일상생활을 계속하는 모습을 작품 속에 그려 놓았을까?"에 대한 해답, 나는 "업業 때문이다", 카르마 때문이라고 생각이 이르렀을 때 해방감이 들었다. 그런데 백 선생님께서는 업이란 단어를 전혀 쓰지 않으시고 끊임없이 네게 일어나는 생각을 부처님께 곧 바치라고 하셨다.

요즘 나는 광주 곤지암에 있는 한국 불교연구원의 정진도량인 유마정사에서 매월 열리는 지장정진법회에 참석해 백 선생님의 "너의 어떤 생각이 일어나면 곧 그것을 바치라"는 말씀을 상고하고 있다.

나무 미륵존여래불.

2020. 02. 15.

"백 선생님께서는 업이란 단어를 전혀 쓰지 않으시고
끊임없이 네게 일어나는 생각을 부처님께 곧 바치라고 하셨다."

❀ 평범하지만 탁월한 가르침

이주현(백성욱연구원 연구위원, 전 대학강사)

"런던에서 파리까지 최단 거리로 가장 빨리 갈 수 있는 방법은?"
수년 전 영국의 한 여행사에서 일반 여행객들을 대상으로 낸 특별 보너스 퀴즈다. 수많은 사람들이 응모를 했는데 단 한명만이 정답을 써내 당첨됐다고 한다. 그 답이 걸작이다. 바로 "사랑하는 사람과 함께 가는 것"이었다고 한다. 대다수의 사람들이 '최단거리'라는 상相 자체에 집착하는 바람에 본질에서 벗어나 어찌 보면 이 쉬운 정답을 맞추지 못한 것이다.

나에게 백 선생님의 가르침은 바로 이런 깨달음이라고 할 수 있다.

"삶 속에서 일하고 정진하며 깨달아라"는 말씀이 평범하게 들릴지 몰라도 내게는 큰 울림으로 다가왔다. 이 말씀이야말로 매일매일 나에게 부과되는 문제의 본질을 명쾌하게 파악해 그것을 스스로 해결하는 능력을 키우라는 가르침으로 이해된다. 삶과 수행이 따로 있는 것이 아니고 삶 그 자체가 수행의 장이라는 뜻이다. 그래서 나는 매학기 내게 과목이 주어질 때마다 이번 학기가 마지막이라는 심정으로 내가 할 수 있는 최선을 다하려 노력했고 앞으로도 그렇게 할 생각이다. 내 마음이 편하고 자유로울 수 있는 것은 이런 신념이 있기 때문이다. 젊은이들과 소통이 가능할 뿐만 아니라 그들에게 긍정적 영향을 끼칠 수 있다고 판단되는 날까지 최선을 다할 것이고 그것이 어렵다고 판단되면 미련 없이 무대에서 내려올 것이다.

무대에서 내려온다고 살며 일하고 정진하며 깨닫는 것이 멈추는 것은 결코 아니라고 본다. 백성욱 선생님께서 그러하셨듯이 인생의 또 다른 막이 시작되는 계기로 삼을 수 있을 것이다. 어쩌면 그때부터 진정으로 정진하며 깨닫는 수행의 시작이 되길 강하게 갈구해본다. 백성욱연구원이 그 시작과 끝이 되길 기원하며 내 작은 깨달음과 바람을 감사의 마음을 담아 전하고자 한다.

백성욱 박사님의 삶은 그 분께서 사셨던 그 시대 그 어떤 누구의 삶보다 넓고 깊고 특별했고 다양했지만 부처님의 말씀을 향한 그 분의 한마음은 늘 그 분이 지향하던 삶의 중심이었고 한결같았다. 마치 자전거 바퀴가 굴러가면서 끊임없이 변하고 움직이지만 그 중심축은 제자리에 의연하게 머물러있는 것처럼 말이다. 그것은 부처님께서 깨달으신 진리의 말씀을 그 분의 명석한 지성으로 연구하고 알아내고 이해하는 것에 그치지 않고 그것을 넘어서서 실제 그 분의 삶 속에서 그 깨달음을 구현해내신 삶으로 요약할 수 있다. 그래서 그 분의 가르침을 받은 분들이 자연스레 그 분이 평생 지향하던 바를 그 분과 마찬가지로 자신들의 삶 속 깊은 내면에 체화할 수 있게 된 것일 게다. 백 선생님은 그런 공덕을 베풀고 가신 참된 스승이셨다.

"주는 마음을 연습하라"는 가르침에 담긴 의미는 말 그대로 남에게 베푸는 마음도 상황에 따라 갑자기 낼 수 있는 게 아니니 기회가 있을 때마다 부단히 연습하고 훈련해야 주는 마음에 이를 수 있다는 뜻으로 해석된다. 여기에 더해 금강경 구절의 "若見諸相非相 即見如來, 應無所住 而生其心" 즉, "모든 보이는 상이 허망하여 상이 아님을 볼 줄 아는 자는 여래를 보는 자요, 그리하여 그 자의 마음이 한 곳에 머무름이 없을 때 비로소 한 마음이 뚜렷이 생길 수 있다"는 가르침처럼 백 선생님은 "있는 마음 그대로를 부처님께 바쳐라"고 하셨다. 그래서 "항상 미륵존여래불하라"고 이르셨다. 이를 통해 우리가 구해야할 바른 길은 "다른데서 도를 구하지 말고 삶속에서 일하고 생활하며 정진해도 깨달을 수 있다"는 평범하지만 탁월한 진리이다.

"주는 마음을 훈련하라"는 선생님의 가르침은 점점 나이 들어감을 의식하게 되는 나에게 큰 깨달음을 준다. 그것은 내 생명과 내 시간에 대한 내 마음을 닦는 연습이다. 생명이 있는 곳에 시간이 있지 생명이 없는 곳에는 시간의 개념이 없다는 것, 그리고 생명과 시간은 잠시도 머물지 않고 순환한다는 것, 굳이 따진다면 이렇게 영원히 순환한다는 사실만은 변함없이 머물 거라는 것. 그리고 생명은 끊임없이 타 생명에게 자신을 바침으로 그 생명을 다하고 그 생명을 취한 타생명은 그것을 바탕으로 또 다른 생명을 이 세상에 내 보낸다는 것. 이 모든 과정이 시간의 흐름 속에 있다는 것을 깨닫는 요즘이다. 이 거대한 생명의 순환과 시간의 흐름을 함께 하고 있는 나이기에 굳이 어느 한 시점을 콕 찍어서 거기에 일희일비할 필요가 없음을 알게 된 것도 선생님 덕분이다.

이런 마음가짐을 갖게 되니 음식 또한 맛을 위한 욕망의 수단으로 보지 않고 내 생명을 유지하기 위해 타 생명들이 기꺼이 내게 자신을 내 준 것으로 여겨 귀하게 여기고 가급적 최소한만 섭취하려고 노력한다. 백 선생님은 평생토록 오후 3시 이후에는 진지를 들지 않으셨다고 하는데 나 또한 밖에서는 어쩔 수 없지만 집에 있을 경우에는 하루 두 끼에 1식 3-4찬만 먹으려 노력한다. 나의 아버님도 평생 두 끼만 드셨다. 밥투정 반찬투정 한번 들어본 적이 없고 나또한 그렇다. 절약이 몸에 배어있는 아내는 양념도 최소한만 넣어서 음식을 한다. 이런 음식을 먹고 나면 속이 편하고 정신도 맑다. 고기를 먹지 못하는 아내 덕에 고기는 반찬에 없다.

백 선생님 덕분에 남에게 베푸는 훈련도 형편껏 하려고 노력하게 되었다. 돌아가신 어머님은 평생 부처님께 향하시는 마음이 한결 같으셨고 늘 남들에게 따뜻한 식사 한 끼를 대접하길 참 좋아하셨다. 예전에는 동네를 돌아다니는 행상들이 많았는데 추운 한겨울에는 우족탕이나 곰국을 자주 끓이셨고 그럴 때마다 늘 동네를 다니는 행상들이 오지 않나 밖을 기웃거리시다가 그들을 발견하면 안으로 데려와 뜨끈한 국과 밥을 대접하길 즐기셨는데 그때마다 그들이 정말 고마워했던 모습을 지금도 잊을 수 없다. 어머님은 돌아가셨지만 우리 4남매 모두 사회에서 자신의 역할을 잘 해내고 있고 자식들과 조카들도 잘 성장해 준 모든 일들이 어머님이 주변에 베푸셨던 은덕 때문이라 확신할 때가 많다.

"나는 무엇을 베풀어 주변 사람들에게 도움이 될까?"를 생각해보면 역시 지금 주어진 이 자리에서 최선을 다하는 것 그리고 나에게 다가온 인연들을 소중히 여기는 것이 아닐까 싶다.

백성욱연구원과 인연이 되어 도인의 삶을 다시금 회고하고 그 가르침을 되새겨볼 수 있게 된 것도 내 큰 복이라 생각한다. 맹자가 말하길 군자에게 세 가지 즐거움이 있다고 했는데 그중에도 으뜸이 천하의 영재를 얻어 교육하는 것이라고 했다. 한 평생 가르치는 일을 업으로 삼아 오면서 배우는 것만큼 가르치는 일이 큰 기쁨임을 알았다. 앞으로 백성욱연구원이 나아갈 길도 미래를 이끌어갈 훌륭한 인재들을 선별해 이들에게 백 선생님의 밝고 탁월한 가르침을 전하는 것이라고 생각된다. 그 길에 내가 조금이나마 보탬이 되길 바라며 "미륵존여래불"을 되뇌게 되는 요즘이다.

"다른데서 도를 구하지 말고
삶속에서 일하고 생활하며 정진해도 깨달을 수 있다."

✿관상학으로 본 백성욱 박사

김선형(인천대 명예교수)

원래 관상은 사람의 얼굴을 보고, 성격 체질 운명을 추론하는 기법으로 시작되었다. 이러한 개념과 경향은 동 서양이 별로 다르지 않았다. 그 후, 동양은 주로 음양오행^{陰陽五行}의 원리에 근거하여 운명의 판단 위주로 정립된 반면, 서양 관상학^{physiognomy}은 물형^{物形}을 중심으로 한 유비추리$^{類比推理, anglogy}$에 의하여 발전해 오다가, 성격 체질 위주의 심리학과 의학 등에 원용되었다. 그런 점에서, 운명의 평가 판단은 동양 관상학이 절대적 우위라고 할 수 있다.

이와 같은 인식 아래, 여기서의 상^{相}의 관찰은, 1,500여 년 전, 마의^{麻衣}와 달마^{達磨}에 의하여 학문적 체계를 갖춘 동양 관상학의 원리와 기법을 원용한다. 다만, 이 글의 대상 인물인 백성욱 박사가 승려라는 점을 감안, 달마 스님의 상결비전^{相訣秘傳} 위주로 접근한다는 점을 밝혀둔다.

달마 스님은 왕관도 마다하고 출가하여 9년 면벽^{面壁} 정진으로 득도한 선^{禪}의 장시자이다. 그런 그가 관상에 관심을 둔 것은 뜻밖이지만, 그것은 중생구제용 수양지침서 성격으로 구상한 것으로 보인다. 평생을 불사에 헌신해 온 양무제^{梁武帝}의 공덕을 '없다'고 잘라버린 스님은, 당시에 일상화된 기복 불교 풍토를 타파하고, 구도정진을 장려하기 위한 방편으로 관상학을 정립한 것으로 볼 수 있다. 사람의 얼굴은 수억 겁에 걸쳐 세세생생 쌓아 온 업보에 의하여 이루어진 마음의 발로이기 때문에, 근본인 마음을 다스리는 참선 정진만이 운명 개척의 지름길이라고 설파했기 때문이다. 그래서 복 타령하지 말고, 마음을 밝히고 맑히는 마음공부에 나서라고 한 것이다.

이러한 목적과 방편으로 쓰인 달마 스님의 관상학은, 부처님께서 설하신 금강경^{金剛經}의 상^{相}의 원리를 원용하여 집대성한 것으로 보인다. 왜냐하면, 달마 스님이 관찰 대상으로서 상^{象}이나 상^{像}이 아닌 금강경의 상^{相}으로 설정함으로써, 경에서 말한 아상인상중생상수자상^{我相人相衆生相壽者相} 등 제상^{諸相}을 기본 틀로 삼고 있기 때문이다. 원래 달마 스님이 설정한 상은, 마음을 가리키는 내상^{內相}과 얼굴의 생김새인 외상^{外相}을 포괄한 개념이다. 그러면서 외형에 나타나 있는 모든 상은 비상^{非相}인 심상^{心相}만 못하기 때문에^{萬相不如心相}, 관상은 먼저 신^{神}을 살펴야 한다고 하였다. 그리고 외상은 내상의 하위 개념으로 규정하고, 그것은 내상의 반영이고 발로라고 하였다. 이를테면 마음의 됨됨이, 그 씀씀이가 곧 얼굴의 형모로 발현된 것으로 본 것이다.

일반적으로 사전적 의미의 상은 외모와 얼굴의 생김새, 즉 용모와 모습, 형태를 가리킨다. 그러나 형상의학形象醫學에서 말하는 상象은 조짐이나 징후의 의미까지 포괄한 개념이다. 그리하여, 의사가 상象을 본다는 것은, 가시권에 들어오는 외형 또는 얼굴의 형모를 관찰 대상으로 삼아, 그것을 살핀다는 것을 뜻한다.

그러나 달마 스님이 원용한 금강경에서 말하는 상相은, 비교 자체가 무리일 만큼 전혀 다른 차원이다. 금강경에서 상에 대한 핵심적인 설명으로 볼 수 있는 반야제일게般若第一偈에서는, "상은 다 허망하고, 모든 상이 상이 아닌 것을 보아야 여래를 본다凡所有相 皆是虛妄 若見諸相非相 卽見如來"고 한 것이 그 예이다. 이것은 상의 본디 자리를 보지 못한 경지에서의 관상觀相은 실상을 보지 못한 것으로 규정한 의미로 볼 수 있다. 더욱이 금강경은 "모든 중생이 다 아상인상중생상수자상이 없고 또한 법상이 없으며 법 아닌 상도 없다是諸衆生 無復我相人相衆生相壽者相 亦無法相 亦無非法相"고 하였다. 이것은 상 자체에 대한 부정의 부정을 통하여, 색즉시공色卽是空의 공空 도리보다도 차원을 높인 것이다.

이와 같은 금강경의 상관相觀은, 그것이 비상非相의 본디 자리를 보아야 실상을 볼 수 있다거나, 공空도리의 상위 개념이라고 풀이 할 수 있을지 모른다. 그러나 그것은 견성見性의 경지가 아니고서는 체득할 수 없기 때문에, 이러한 해석을 한다고 해서 그 종지를 이해했다고 할 수는 없다. 왜냐하면, 그것은 응무소주이생기심^{應無所住而生其心}이나 부주어상^{不住於相}의 경지로서, 우리 범부들은 이미 형성되어 있는 상에 머물거나 거기에 의지하지 않고, 실상을 볼 수는 없는 까닭이다.

그러나 금강경의 상관을 물리적으로 해석한다면, 우주며 만물, 인간계에 형성되어 있는 모든 상은 실체가 없고 허망한 것이다. 만약 그것을 보려면, 그 상이 상이 아닌 것, 즉 상이 아닌 본디 자리를 보아야 실상을 볼 수 있다는 뜻으로 유추해볼 수 있다. 이러한 유추를 전제로 하면, 금강경에서 말한 상은, 적어도 그것이 외적 형모만이 아닌 것만은 분명하다. 오히려 그것은 현상^{現相}과 함께 비상^{非相}의 마음자리를 꿰뚫어볼 수 있어야 관상이 가능하다는 가르침으로 이해할 수 있다. 그래서 달마 스님이 심상^{心相}을 중시하면서, 얼굴을 살필 때는 신^{神}·정^{精}·기^{氣}를 먼저 보아야 한다고 강조한 것이다.

이와 같은 금강경의 상관^{相觀}을 염두에 두면서, 백성욱 박사의 얼굴을 살피기로 한다. 상을 보는데 있어서는 얼굴의 기본 틀인 유형·구도·균형 관계와 각 영역과 부위, 그리고 접근방법 등 필자가 개발한 준거에 따른다. 먼저 유형을 본다.

백성욱 박사는 거목이여선지 다양성과 복합성을 내포하고 있기 때문에, 어느 한 쪽으로 분류하는 것은 쉽지 않다. 가령, 사상의학^{四象醫學}으로 보아도, 몸은 태음인에 가까운 편이나, 신·정·기$^{神·精·氣}$의 표상인 빛나는 눈은 결코 음인陰人일 수는 없다. 한국 현대불교의 가장 유명한 고승 중 한 분이자 관상학의 대가셨던 탄허 스님께서 보셨다면, 태양인이라고 했을지도 모르겠다.

관상학에서의 유형도 마찬가지다. 체형은 영양질營養質로 볼 수 있지만, 단아하고 위엄이 넘치는 면상과 안광의 정기는 근골질筋骨質의 속성이 다분하다. 이 둘을 겸비한 것이라면, 여유 있고, 포용의 덕을 갖추었으면서도, 결단력 실행력이 뛰어나다는 추론이 가능할 것이다. 그런 점에서, 백 박사는 현자나 수도자 특유의 모든 자질과 요소를 두루 갖춘 경우라고 할 수 있을 것 같다.

원래 관상학은 얼굴을 소우주, 또는 지구의 축소판으로 보았다. 그래서 얼굴은 우주와 지구의 특성과 구성요소를 함축하고 있다. 가령, 지구의 구성 3요소인 암권岩圈은, 이마·턱·코·두 광대뼈 등 오악五嶽이고, 수권水圈은 눈·입·콧구멍·귓구멍 등 사독四瀆에 해당한다. 그리고 기권氣圈은 눈언저리에 분포되어 있다.

백 박사의 얼굴은, 암권의 산 가운데 특히 코와 턱이 튼실하고, 수권의 강중에서는 눈이 빼어난 경우이다. 자신인 코와 그것을 떠받치는 땅인 턱의 세력이 팽대한 것은, 자력으로 인생을 개척할 능력이 있고, 눈의 신·정·기는 비범한 인물, 즉 어느 계통이든 수장이 될 상임을 뜻한다. 요컨대, 선이 굵고, 통찰력과 의지력이 특출한 큰 그릇이다.

백 박사의 얼굴의 구도는 강약점이 혼재한다. 얼굴의 짜임이 단아하고 탄탄하나, 정면과 측면의 구도, 특히 이마^{하늘}와 턱^{땅}의 변두리 땅이 취약한 것은 약점이다. 그리고 하늘과 부모 자리인 눈썹으로부터 머리까지의 상정^{上停}의 길이가 중·하정에 비하여 현격하게 짧고, 협착하여 구도상의 균형이 무너져 보인다. 그것은 조상과 부모의 혜택이 무력하여 초년에 방황과 좌절을 겪게 된다는 것을 의미한다. 그러나 중정^{中停}은 길고 발달하여 어변성용^{魚變成龍} 이상으로 대발하여 최상의 복락을 구가할 것이다. 말년의 하정^{下停}은, 수로^{水路}인 인중^{人中}이 넓고, 튼실하며, 턱^{地閣}이 오긋하게 발달하였지만, 하반부의 주변세력인 노복^{奴僕}과 현벽^{懸壁}이 협착한 모양새이다. 이것은, 특히 60대 후반부터는 외롭고 행동반경이 좁아진다는 것을 암시한 것으로 볼 수 있다.

다음은 상생상극^{相生相剋}의 원리에 의한 균형이다. 필자는 얼굴에서 균형과 조화의 체크 포인트로서는, 구도에서 본 상·중·하정과 오악사독^{五嶽四瀆}, 그리고 상하좌우의 각 영역과 부위 사이의 상호관계로 설정하였다.

먼저, 하늘^{부모}과 땅^{자식}의 자리인 이마와 턱의 균형을 본다. 마의상서의 비문에 지각조귀천창만^{地閣朝歸天倉滿}이라는 기록이 있다. 그것은 그득히 잘 찬 턱이 오긋한 형상으로 하늘인 이마를 바라보듯 숙이고, 솥뚜껑처럼 그윽하게 가득 찬 이마가 턱을 향하여 조응한 모양새를 가리킨다. 이 형상이 이마와 턱의 최상의 균형·조화이다. 이런 형상의 아이를 보면, 누구 집 자식^{誰家者}이냐고 묻는다. 누구는 복도 많아 저런 귀공자를 두었느냐는 의미이다. 백 박사의 턱은 조귀^{朝歸}하여 하늘을 바라보는 모양새를 하고 있으나, 이마가 짧은데 더하여 협착하기 때문에, 균형이 깨진 경우이다. 이것은 부모와 자식 관계가 상충하여서 인생의 출발부터 역류에 휩싸이게 되어 파도가 일고 고단한 길을 걷게 될 것을 예고한다.

그러나 눈과 코의 균형은 최상급이다. 상서에 용장호복龍藏虎伏이라고 했다. 용인 눈은 세장함신細長含神하여 노출되지 않고, 호랑이인 코는 힘차게 뻗어 있으면서도 엎드린 모양새를 말한다. 백 박사는 눈빛이 노출되었으나, 용의 위엄을 대변할 만큼 안광이 형형하고, 코의 세력이 힘차게 뻗은 것이 특징이다. 이것은 눈에서 세운 마스터플랜을 코에서 액션플랜을 세워 이행함으로써, 기획과 실행이 절묘한 조화를 이룬 형상이다. 이러한 형상은 용호상박龍虎相搏을 극복하고, 귀貴와 재財의 두 토끼를 잡아 중년의 대발을 기약할 것으로 본다.

산과 강의 대표자인 코와 입의 균형을 보면, 눈과 코의 관계에는 못 미치지만, 비교적 좋은 관계로 보인다. 중앙의 큰 산코에서 많은 물이 내려오면, 폭 넓고 튼튼하게 잘 생긴 수로人中를 거쳐 큰 바다가입:大海 수용하고도 남을 것이다. 그것은 말년의 전반기에 상당한 수준의 수확과 명성을 기약할 수 있다는 것을 뜻한다.

코와 두 광대뼈는 왕과 신하의 관계이다. 삼산돌륜 만경규모三山突潤 萬頃規模. 탄허 스님은 도톰하게 발달한 두 광대뼈가 코를 감싸듯 바라보면서 조응하면, 어느 고을의 통치자가 된다고 하셨다. 백 박사는 왕과 자신을 대변하는 코의 세력은 왕성한 편이다. 그러나 신하이면서 소셜네트워크

영역인 두 광대뼈는 발달 정도나 코를 오긋하게 감싸는 수준이 다소 모자라 보인다. 그것은 자기 권력을 지켜내지 못할 경우가 생길 수 있다는 암시이다.

　백 박사의 얼굴의 균형을 총평하면, 보고 숨 쉬고 먹는 눈·코·입의 주연급 주도세력이 강건하고, 협력적 균형이 특출하여 성공한 인생을 기약한 것으로 판단한다. 그러나 이마에서 균형이 깨졌고, 조연급의 지원세력이 취약하기 때문에 우여곡절을 겪게 마련이다. 그래도 백 박사는 인·문·귀·위$^{仁·文·貴·位}$의 눈과 의·재·행$^{義·財·行}$의 코, 그리고, 무·신·정$^{武·信·情}$을 상징하는 입 사이에 균형을 이룸으로써, 거목의 요건을 두루 갖춘 경우이다. 특히 강렬한 안광은 법도나 규율에 엄격하면서도 화기가 담겨있기 때문에, 합리적 성향이어서 좌우의 상극적인 극단에 서는 일은 없을 것이다. 달마 스님은 상극을 피하고 상생의 기운을 살려서, 어느 극단의 편에 서지 말라고 했다. 그것이 자기 인생의 중심과 평형을 지켜내는, 균형과 조화의 요체라는 것을 명심할 일이다. 이상으로서 얼굴의 기본 틀에 대하여 고찰하였고, 다음으로는 각론으로서 각 영역과 부위를 보기로 한다. 먼저 이마 영역을 본다.

　달마 스님이 30%의 비중으로 중시한 이마는 하드웨어 속에 전두엽 등 소프트웨어를 포괄하고 있는 정신의 산실이다. 그러나 이마는 전술하였기 때문에, 지면 관계상 구체적인 설명은 생략하고, 다만 이마에 있는 백 박사 특유의 두 형상만 살피는 것에 그치기로 한다.

이마에서의 백 박사의 특징으로서는 중앙의 점과 머리 쪽의 충인 沖印을 들 수 있다. 먼저, 점은 정중선正中線 위의 관운의 핵심 부위인 중정·사공中正·司空 자리에 있고, 그것은 독일 유학 중 후천적으로 생겼다고 들었다. 불자로서 보면, 크기나 위치상으로 마치 부처님의 백호상白毫相이 연상되어 신묘하고 불가사의하다. 그러나 관상학 이론으로만 보면, 관운의 핵심 부위의 흠결이라고 볼 수 있다. 그리하여 관직에 나간 경우, 정관보다는 편관인 별정직만이 가능하고, 그것도 가끔 끊길 수 있다고 봄이 옳을 것이다.

충인은 이마의 정중앙 위의 머리카락이 이마를 침범하여 내민 형상을 말한다. 백 박사의 40대의 사진을 보면, 그것이 선명하게 나타나 있음을 확인할 수 있다. 그것은 희망과 소원을 가리는 요처인 두 눈썹 사이의 인당印堂·명궁命宮에 충격을 주는 형상이라 하여 부쳐진 이름이다. 이를 가리켜 일본 관상학은 "레라우"라 표기하였고, 필자는 책을 써서 영역하는 것을 대비하여 군사용어인 방아쇠라는 뜻으로 트리거^{trigger}라고 명명하였다. 이 트리거는, 길바닥에 주저앉아 땅을 치고, 통곡하는 로변제路邊啼에 해당한다. 이를테면, 살아가면서 갑자기 경천동지驚天動地의 역풍이 돌발하여 감내하기 어려운 아픔과 좌절을 겪게 된다는 것이다. 아마 탄허 스님이 보셨다면, 그것이 부모 영역인 이마에 있다는 점에서, 초년에 양친을 잃을 슬픔으로 풀이했을지도 모르겠다.

다음은 턱地閣이다. 턱은 땅과 자식을 상징하고, 인생을 회향, 마무리하는 요처이다. 하늘이마과 왕코이 아무리 훌륭해도 땅턱이 받쳐주지 못하면, 절름발이 형국이 된다. 턱이 방원^{方圓}하고 튼튼한 뼈대에 살집이 잘 덥혀서 코를 바라본 듯 오긋한 자세를 하고 있으면, 봄·여름 농사가 다소 어설퍼도 가을에 알찬 수확을 기대할 수 있다. 그래서 탄허 스님은 "턱만 보라^{但看地閣}"고 강조하셨는데, 그것은 수많은 죽을 고비를 넘나들어도 결국은 칠전팔기^{七顚八起}가 가능한 까닭이다. 필자는 그것을 미국과 러시아의 핵전력에 빗대어 군사용어인 제2공격능력$^{second\ strike\ capability}$으로 표현한다.

위에서 준 주도세력인 이마와 턱을 살펴보았다. 다음으로는 주연급 주도세력인 눈·코·입과 조연급 보조세력인 귀·눈썹을 본다. 눈은 달마 스님이 정사^{精舍}라 하여 50%의 비중으로 중시한 신·정·기$^{神·精·氣}$의 거처이고, 인·문·귀·위$^{仁·文·貴·位}$의 본거지이다. 백 박사의 눈은 달마 스님이 고개를 끄덕일 만큼 이 조건을 완벽하게 갖춘 표본이다. 필자는 안광이 반짝이면서도 은은한 화기가 도는, 이런 신묘한 눈을 본 적이 없다. A+보다 더 높은 것이 있다면, 서슴없이 그것을 줄 것이다. 이렇듯 동공에서 신묘하게 빛나는 두 눈은, 사물과 현상의 실체는 물론, 사람의 속내를 꿰뚫어 볼 수 있는^{有光射人} 능력이 담겨 보인다. 이 눈은 백 박사의 높은 품격을 대변하고, 대기^{大機}임을 담보하고, 대중의 스승임을 증거 하고도 남는다. 다만, 안광이 빛나고 노출된 까닭에 욕망지수가 높고, 감정 표출이 활발하여 주위 사람들을 힘들게 할 가능성은 배제할 수 없어 보인다.

코는 마의가 50%의 비중으로 중시한 부의 대변자이다^{問富在鼻}. 그리고 코는 의·재·행의 상징으로서, 얼굴에서 유일하게 산과 강을 겸비하고 있다. 이러한 코는 한반도의 지정학적 위치처럼 전략적 요충인 정중앙에 자리 잡고, 눈·입 등의 해양세력과 이마·턱·광대뼈 등 동서남북의 대륙세력 사이의 균형자^{balancer} 역할을 수행한다. 중앙이 무너진 우주나 국가, 사람은 이론적으로도 상상하기 어렵다. 코가 무너지면 인생도 무너진다는 이야기이다.

백 박사의 코는, 관상학에서 중시하는 엎드린 호랑이^{虎伏}의 위세가 느껴질 정도로 힘차게 뻗어있는 것이 강점이다. 설악산은 바윗돌이 웅대하여 기상이 높으나, 오대산처럼 기름진 흙이 덮이지 않아서 아름드리나무가 무성하지 못하다. 백 박사의 코도 설악산처럼 바윗돌의 뼈대가 강성하고 힘차서 품위와 권위가 높지만, 콧등^{年壽}과 콧방울에 오대산처럼 흙^{살}집이 풍부하지 못하여 부자의 돈 코라고 보기는 어렵다. 그래도 콧방울이 팽창하여 도톰한 현담비^{懸膽鼻}는 아니지만, 세력이 힘차고 단정하여 물 샐틈 없는 절통비^{截筒鼻} 모양새에 가까워서 저축성이 있고, 씀씀이가 알차서 돈이 허투루 새어나가는 일은 없을 것이다. 그리고 두 눈 사이의 산근^{山根} 부위가 낮아서 유년기에 어려움을 겪게 되지만, 다행히 건강 자리인 콧등$^{年上·壽上}$이 강건하여 건강은 타고났다고 할 만하다.

음^{陰}의 대변자로서 강^{四瀆}의 주도세력인 입은, 무·신·정$^{武·信·情}$을 상징한다. 그리고 특히 물질적 유통의 투입^{input}과 산출^{output}의 총괄본부 기능을 수행한다. 눈이 기획하고, 코가 실행하며, 입이 수확한다. 눈의 귀^{貴}와 코의 재^{財}는 입의 신^{信}의 밑받침이 없이는 기능 장애를 일으키기 마련이다. 사람이 믿음을 잃으면, 아무 것도 이룰 수 없다는 이야기이다.

　백 박사의 입은, 세력이 힘차고 야무지기 때문에, 눈의 문文에 더하여 무武까지 겸비한 것이 장점이다. 이런 입의 소유자는 무인 기질이 있어 배포가 크고, 호불호가 명료하여 분명한 성격의 소유자이다. 그러나 관상학에서 가장 선호하는 사자구四字口: 마치 넉사자 같이 노톰한 입와 달리 일자구一字口에 가까운 모양새여서, 박정하다는 평가는 피하기 어렵다. 그것은 승려로서는 강점일 수 있지만, 인간적으로는 단호하고 매정한 성향으로 비칠 우려가 따른다. 그리고 윗입술인 양陽보다 아랫입술陰이 더 도톰하고 발달해 보인다. 이런 모양새는 양陽의 순도 100%의 눈을 가졌음에도 불구하고, 이론적으로는 음성적인 성정이 잠재한 것으로 유추해볼 수 있다.

　귀는 체청관採聽官이라 하는데, 오늘의 시각에서는 레이더지 성격으로 규정할 수 있다. 특히 귀는 입과 함께 애정을 관장하는 대표적인 성감대이다. 일본 관상학에서는 귓구멍이 조인 듯 협착한 여인을 가리켜 긴ㅇㅇ라고 한 것 같은데, 나이 탓인지 기억이 나질 않는다.

　백 박사의 귀는 선이 굵고, 발달한 각 부위에 비하여 빈약한 편이다. 그러나 귀가 앞에서 안 보일 정도로 벽에 붙어있고對面不見, 단단하고 탄력이 있으며, 뒤집히거나耳反 흠집이 없는 점 등은 좋은 점이다. 그래도 세력이 빈약하면서 지나치게 낮게 붙어있는 것은, 결정적인 약점이다. 관상학에서 초년 운을 관장하는 귀가, 눈썹보다 높은 것을高聳過眉 미압이眉壓耳라고 한다. 이런 형상의 아이가 태어나 첫 울음을 터트리면, 그것은 그 집이 명문대가나 벼락부자가 될 신호음이라고 한다. 그래서 그 아이가 누구 집 자식이냐고^{誰家子} 하면서 부러워한다는 것이다. 그러나 백 박사의 귀는 너무 낮아서 유년법^{流年法}에 의하여 14세까지의 유년기는 고단하고 아주 힘들게 지냈을 것이다. 그리고 귀의 발달이 빈약하여 남의 말을 수용하는 폭이 비교적 좁다는 오해를 받을 수 있었을 것이다.

눈썹은 눈^{태양}과 한 세트로서 보조자에 해당하는데, 노을^{彩雲}의 지위라고 할 수 있다. 눈썹은 주로 형제 운이나 외교력 또는 정밀도 등을 살피고, 그 사람의 권위·풍모·운치와 멋스러움을 보는 부위이다. 관상학에서는 무엇이나 지나치거나 모자라는 것은^{過不及} 다 같이 흠결로 본다. 특히 눈썹이 지나치게 빽빽하고 농탁하면, 성정이 흉폭하고 도발적이며, 거의 없을 정도로 희박한 경우, 사교성이 모자라고 풍류를 모르는 멋없는 사람이다.

백 박사의 눈썹은 세력이 풍부한 데다 짜임이 정밀하고, 모질이 유연하며, 준수한 모양새를 한 채, 눈을 지날 만큼 길다는^{閣秀而長} 점에서 높이 평가할 수 있다. 그래서 눈에서 인문·사회과학적 소양을 읽을 수 있고, 눈썹을 통하여 수학 등 기초과학의 재능을 발견할 수 있다. 이 둘을 겸비했다는 뜻이다. 그러나 사진으로는 오른쪽 눈썹은 빈약하고, 왼쪽 눈썹은 다소 짙고 농탁한 느낌이 든다. 그것이 사실이라면, 이복형제가 있을 수 있고, 노을^{눈썹}이 모체인 태양^눈을 압박하여^{壓眼} 눈과 눈썹 사이의 가정 부위인 전택궁^{田宅宮}을 해치는 모양새로 볼 수 있을 것이다.

이상에서 백성욱 박사의 관상을 달마 스님의 상결비전을 텍스트로 하고, 필자가 개발한 체크포인트와 판단기법을 중심으로 살펴보았다. 마지막으로 종합적 총평을 하고 마무리하기로 한다.

의사가 환자의 병의 원인을 진단하여 처방하기 위해서는, 국제직 신용평가기관이 기초경제 여건인 거시경제지표, 즉 펀더멘탈^{fundamental}을 먼저 살피듯이, 의사도 환자의 기초체력을 먼저 점검한다. 그리고 각종의 검사 자료와 기록 등을 평가·분석하여 종합적으로 진단·처방한다. 법관도 먼저 당해 사건이 법적요건을 갖추어 각하 사유가 없는지 살핀 다음에 법리와 실체에 대한 양측의 다툼과, 그것을 입증하는 각종의 증거 등을 엄밀하게 검토·평가하여 판결하게 마련이다. 달마 스님의 관상비결도 이와 크게 다르지 않다. 이를테면, 상을 볼 때도 먼저 체형과 음성 등 기초적인 형상을 살핀 다음에 얼굴의 유형·구도·균형 등을 관찰하여 그 사람의 특성과 그릇의 정도를 가늠한다. 그리고 각 영역과 부위를 관찰·평가·분석하여 최종적으로 종합 판단한다. 이것이 달마 스님의 가르침이고, 그의 신봉자인 필자가 본 과학으로 가는 길이다.

백 박사의 얼굴에서 대뜸 눈에 들어온 것은, 범상치 않는 형형한 눈빛과 불상에서 본 것 같은 이마의 점이다. 필자는 이 둘을 백 박사의 특성으로 규정하고 싶다. 달마 스님이 최상의 눈으로 신·정·기$^{神·精·氣}$를 든 것은, 바로 이런 눈을 가리킨 것으로 이해한다. 이 눈은 신묘한 안광 속에 용의 위엄이 서려 있고, 눈의 특성인 맑고 깨끗하고 잔잔한 호수^{河瀆}의 형상이 담겨 있으며, 바라보는 시선이^{視瞻} 똑발라서 파사현정^{破邪顯正}을 은

유한다. 추리컨대, 37세^{왼쪽동공}와 38세^{오른쪽 동공}의 엄청난 대운에 견성^{見性}이라도 하신 것이 아닌지 모르겠다. 이마의 사공^{司空} 부위의 백호를 닮은 점은, 참으로 신묘하고, 불가사의하다. 이것은 관상학적으로 장애요인이라고만 우길 자신이 없다.

백 박사의 얼굴의 기본 프레임은, 선이 굵고, 뼈대와 살집의 조화 속에 짜임이 단단하며, 정신력으로 뭉쳐있는 거목의 지도자 형상이다. 균형과 조화의 상생상극 관계는, 특히 보고 숨 쉬고 먹는 눈·코·입의 주도세력이 돋보여서 대성을 기약한다. 그러나 유년기를 관장하는 귀가 지나치게 낮고, 20대의 이마가 짧고 협착하여 초년에는 외롭고 고달픈 세월을 보냈을 것이다. 이에 반하여, 중년기에는 뜻을 이루고 대발 대성하겠으나, 다시 60대 후반의 말년에는 외롭고 행동반경이 좁아졌을 것으로 본다.

끝으로 백 박사는 코와 턱의 산세^{山勢}가 발달하여 일본 관상학에서 말한 '야마쯔요이^{山强}'의 형상이 보이고, 눈과 입의 강세^{江勢} 역시 높은 수준으로 평가할 수 있다. 이것을 종합하면 권^權과 재^財를 겸비했다고 할 수 있다. 그러나 안광과 뼈대가 더 강성하다는 점에서, 지혜와 권위가 재력이나 인간적인 풍모보다 앞선 형상으로 특징지을 수 있겠다. 그리고 이마의 층인^{trigger}에서도 설명했지만, 많은 출중한 인물들이 그렇듯이 역류와 풍파에 노출되어 평탄한 삶이었다고는 할 수 없을 것이다.

필자는 백성욱 박사님을 직접 뵌 적이 없다. 그래서 이 글을 몇 장의 사진을 보고 썼다. 그것이 이 글의 한계이고 장애요인이다. 백성욱연구원에서 열리는 월례 강연회에서 발표했던 내용을 바탕으로 쓴 글로 우리 모두가 소우주로써 서로 연결되어 대우주의 이치를 개개인의 생김새에 반영하고 있다는 달마의 깨달음을 전하고자 노력했다. 백 박사님처럼 시대의 활불로 추앙받는 위인에게도 길흉화복과 희노애락이 존재하며 생김새에 그 이치가 그대로 드러나 있다. 그러니 중요한 것은 마음가짐이며 삶을 수행의 장 그 자체로 보는 태도라는 백 박사님의 가르침이 아닌가 생각한다. 누구나 불성을 가지고 있는 것처럼 누구에게나 인생의 기쁨과 슬픔, 그 희로애락의 관문은 똑같이 주어짐을 관상은 말하고 있는지도 모른다.

귀한 인연으로 탄허 스님을 만나 관상 공부를 해오며 교수라는 복된 직업에 종사해온 불자로서 내가 깨달은 것은 누구에게나 복이 주어진 만큼 고난이 주어지며 우리가 할 수 있는 유일한 행동지침은 이를 받아들여 그 복과 고난을 통해 더 성장하고 깨달아야 한다는 것이다. 그럴 때 관상은 기복을 읽어내는 잡학이 아닌 나라는 우주를 공부해 내 인생의 지침으로 삼는 수양이 된다.

백 박사님이 주창하신 금강경 독송과 미륵존여래불 염송 또한 삶을 수행의 장으로 여겨 하루하루를 밝고 현명하게 살아갈 수 있는 수양법이라고 생각한다. 실제로 백 박사님을 따라 공부를 열심히 한 분들은 얼굴이 예뻐지고 밝아지는 경험을 많이 했다고 들었는데 관상에서도 얼굴빛이 밝고 빛나는 것을 가장 중요하게 본다. 결국 모든 위대한 가르침에는 하나의 공통된 물줄기가 흐르고 있는듯하다. 우리는 다양한 방식과 프레임으로 그 원류를 찾아나가는 존재들인 것 같다. 백성욱연구원을 통해 더 많은 지혜와 통찰의 시간들이 생겨나길 기대해 본다.

"원래 관상학은 얼굴을 소우주,
또는 지구의 축소판으로 보았다."

3장_
그리운 선생님, 다시 한 번 뵐 수 있다면

언제 어디서 무엇이 되어 다시 만나랴

장한기(동국대 명예교수)

배우이자 관객이며 연출가인 나는 누구인가

"세상은 거대한 연극무대이며 모든 인간들은 그 위에서 연기에 몰두하고 있는 배우에 불과하다. 그들은 무대에 등장하는 시간과 퇴장하는 시간이 정해져있다."

셰익스피어의 희극 〈뜻대로 하세요〉에 이런 대사가 나온다. 평생토록 연극을 연구하고 가르쳐온 나에게 깊은 울림을 주는 말이다. 민중들의 삶의 애환과 기쁨을 공감하고 대변해주는 역할이 연극이라는 동랑 유치진 선생님의 말씀처럼 인생과 연극은 묘하게 닮아있다. 그래서일까?

쇼펜하우어 같은 철학자도 인생이 참으로 잘 짜인 연극 같아서 어떤 사람이 나이를 먹고 지나온 세월을 돌이켜보면 자기 인생이 누군가의 명령과 계획에 의해 끊임없이 수정되어온 것 같다는 느낌을 받는 경우가 있다고 했다.

마치 어떤 소설가에 의해 쓰인 소설 같다는 느낌을 받는다는 것이다. 이렇게 놓고 보면 인생을 살면서 당한 중요한 사건은 외견상으로는 우연히 일어난 것 같지만 사실은 일관된 구성에서 빠질 수 없는 중요한 요인으로 작용한 듯 보인다는 것이다. 그렇다면 이 일관된 구성은 누구의 손에서 이루어지는 것일까?

심지어 대문호 보르헤스는 〈보르헤스와 나〉라는 짧은 에세이에서 인간이 배우인지 관객인지 연출가인지 혹은 세 가지 역할을 동시에 수행하고 있는 것인지 도무지 알 수 없다는 이야기를 한다. 사람들이 알고 있는 유명 작가 보르헤스는 배우에 불과한 사람으로 번잡한 세상사는 배우 보르헤스의 몫이다. 반면 '나'는 개인적이고 내면적인 존재로 마치 관객처럼 보르헤스를 구경하며 끊임없이 보르헤스에게서 도망치려 하지만 세상은 나를 보르헤스로 기억하며 이 글을 쓰고 있는 사람 또한 보르헤스인지 나인지 헷갈린다는 것이다.

문화예술계 종사자는 시쳇말로 딴따라라는 비아냥거림을 감수해야 하던 시절, 어릴적부터 소설 읽기를 좋아하며 이야기를 탐닉하던 나는 연극 대본을 쓰기 시작했고 우연한 기회에 백성욱 선생님을 만나 평생토록 연극을 연구하고 가르칠 수 있는 황금 같은 기회와 전폭적인 지원을 얻었다. 내 나이 미수*壽를 넘긴 요즘, 나도 이제는 내 인생이 누구의 각본 하에 쓰인 한 편의 연극인지를 되돌아보게 되는 것 같다.

백 선생님은 마치 나 장한기라는 사람의 인생 대본을 꿰뚫어 보기라도 하신 것처럼 나를 내가 할 수 있는 최고의 역할로 이끌어 주셨고 많은 가르침을 주셨다. 몇 해 전 졸필이나마 자서전을 펴내면서 백 선생님과의 이야기를 다룬 적이 있는데 그 인연으로 다시 백성욱연구원을 만나 선생님에 대한 나의 기억을 꺼내게 되었다. 아무리 나이를 먹어도 잊히기는커녕 더 생생해지는 기억이 있는데 그 중 하나가 바로 백 선생님과의 만남과 헤어짐인 것 같다.

한 편의 연극 같던 그 시절로 돌아가 선생님을 다시 만나 뵐 수 있으면 얼마나 좋을까? 이렇게 글로나마 또 한 번 그 추억을 되살려볼 수 있으니 나는 참 복이 많다.

우리나라 최초의 연극영화과 탄생

"궁금하거나 답답해 풀리지 않는 일이 있거든 나를 찾아오려무나."

동국대 국문과 졸업을 불과 몇 달 앞둔 시절, 백 선생님을 처음 뵌 자리에서 들은 말이다. 나는 당시 동국대 학도호국단 학예부장으로 내가 쓴 희곡 〈산골〉이 공연되어 큰상을 받은 터였다. 그 덕에 총학생위원장과 함께 중구 저동에 자리한 광업진흥공사 사옥을 찾아 백 선생님을 독대하는 영광을 누릴 수 있었다. 선생님께서 광업진흥공사 사장과 동국대 총장을 겸임하고 계실 때였다. 선생님의 첫 인상은 생각보다 무척 자상한 분이라는 느낌이었다. 웬일인지 나와 인연이 많다고 하시며 동행한 총학생위원장보다 나에게 많은 질문과 관심을 주셨다. 그래서일까?

선생님을 만나 뵙고 온 후 나는 밤마다 선생님 꿈을 꾸는 신기한 체험을 했다. 주로 내가 선생님을 찾아 대화하며 존경하는 마음으로 따르는 꿈이었다. 선생님이 무슨 경륜 같은 것을 들려주시기도 하고 한번은 내가 선생님이 편하게 입으실 옷을 지어 바치기도 했다.

모두 꿈속에서 일어난 일이었지만 나는 고작 한번 찾아뵌 게 다인 선생님께 왠지 모를 친밀감을 갖게 되었다. 그러다 졸업 전 한 번 더 선생님을 찾아뵙게 됐다. 홀로 처음 선생님을 독대한 자리에서 선생님은 놀랍게도 나의 어린 시절 이야기를 하셨다. 내 어머니가 일찍 돌아가신 것부터 소소한 내 어린 시절 행적을 다 알고 계셨다. 그리고는 자신도 여섯 살 때 어머니를 여의였다고 말씀하셨다. 그래서 일찍이 아이들 글방을 찾아다니는 훈장 노릇을 하시던 홀아버지를 따라 동가식서가숙 하며 이 집 저 집 떠돌아다니는 생활을 하셨다고 했다. 이런 사정을 알게 된 외가에서 선생님을 몰래 데려와 키우다 결국 어느 고승의 손에 맡겨 절간으로 피신시켰다고 한다.

홀아버지 곁에서 벗어나 제대로 공부하길 바란 외가의 뜻대로 선생님은 그때부터 전국 사찰을 돌며 고승을 찾아 다니셨다고 한다. 때때로 고승을 만나 담론도 벌이고 가르침을 받기도 하기를 거듭하다 결국 금강산 어느 절에 들어가 머물렀지만 자신이 진정 머물고 싶은 안식처를 찾지 못했고 그토록 찾아 헤매던 가르침을 내려줄 고승도 만나지 못하셨다는 것이다.

한-일 합방 전후라는 시대적 혼돈의 상황 속에서 결국 선생님은 중국 상해로 떠나셨다. 그곳에 가면 뜻있는 애국지사들이 모여 일제로부터 해방될 길을 모색하고 있다는 소식을 들은 차였다. 그런데 웬걸 막상 이들을 직접 만나보니 생각과는 달라 실망이 컸다고 한다. 선생님은 진정 조국에 도움이 되는 일은 시대의 흐름에 맞춰 신문물을 배우고 자신의 역량을 기르는 것이라 판단해 프랑스로 들어가셨다. 그곳에서 고등학교를 마치고 독일 뷜즈브륵 대학에서 철학박사 학위를 받으신 것은 모두 그런 이유에서였다. 선생님이 평생 존경하는 인물로 꼽았던 우리나라 건국의 아버지 이승만 대통령이 도미해서 프린스턴대 박사학위를 받았던 것과 같은 이치가 아니었나 싶다.

일본의 지배에서 벗어나 자주독립국가로 가기 위해서 당시에 우선적으로 필요한 것은 시대의 흐름을 읽고 그 변화에 맞는 역량을 갖추는 것이었을 테다. 이 두 위대한 인물들의 공통점은 현실에서 부딪히는 가난과 무지라는 한계를 개의치 않고 어떻게든 더 배우고 세상 보는 눈을 넓혀 그 역량을 우리나라의 발전을 위해 썼다는 것이다. 아무리 상해에 모인 독립투사들의 독립에 대한 열망과 의지가 강했다 한들 이승만 대통령이 미국 유학을 통해 얻은 세상을 보는 눈과 외교력이 없었다면 오늘날의 대한민국은 지금의 모습으로 건국되기 힘들었을 것이다.

선생님 또한 그 힘든 시절 머나먼 타국에서 학업을 이어가기 위해 광부 일을 하시는 등 갖은 고생을 다해 공부하시고 견문을 넓히신 덕분에 훗날 이승만 대통령을 도와 내무장관을 역임하시는 등 우리나라 근대화의 기반을 닦고 그야말로 다 쓰러져가는 낡은 절간 같은 상태였던 동국대학교가 제대로 대학의 모습을 갖추고 교수와 학생들이 그들 신분에 맞게 연구와 학업에 집중해 발전해 나갈 수 있도록 하는데 핵심적인 역할을 하셨다. 솔직히 선생님을 빼놓고 오늘날의 동국대학교를 이야기할 수 있나 싶다. 그럼에도 불구하고 정치적인 이유로 이승만 전 대통령에 대한 평가가 엇갈리듯 선생님의 업적에 대한 평가가 제대로 되지 않고 있음에 안타까운 마음이다.

이번에 백성욱연구원이 설립되고 나오게 되는 첫 책에 저자로 참여하게 된 것도 이런 아쉬움 때문이다. 백 선생님의 위대한 업적을 제대로 조명하고 선생님의 노하우를 배워 현시대에 더 발전시키고 계승해 나가는 게 중요하다고 본다. 오늘날의 혼란스러운 시대 상황은 어떤 면에서 백 선생님이 혈혈단신으로 오직 현실에 대한 정확한 이해와 미래에 대한 혜안을 가지고 황폐해진 조국이 다시 일어설 수 있도록 열과 성을 다하신 대한민국 건국 초기 상황과 닮아 있는 듯하다. 그때 선생님은 때로는 독재자처럼 놀라운 혜안과 엄청난 추진력으로 무에서 유를 창조하시곤 했는데 동국대학교에 우리나라 최초로 연극영화과가 설립된 것도 그런 연유에서였다.

대학 졸업 후 석사 학위를 받고 선린상업고등학교의 새내기 선생으로 지내며 틈틈이 서라벌 예술대학의 시간강사 일을 하던 나는 어느 날 동국대로부터 파격적인 제안을 받았다. 국문과 강의 중 두 과목을 맡아달라는 거였는데 기라성 같은 선배들이 포진해 있는 곳에 나 같은 애송이 일개 고교 교사가 무슨 강의를 하라는 건지 어리둥절했다. 그래서 극구 사양을 했지만 당시 학장으로 계시던 최봉수 선생의 반강제적 권유로 결국 당시 내가 서라벌 예대에서 담당하고 있던 '한국연극사'와 '한국민속문학'이라는 새 강좌목을 더 넣어 동국대 강의를 시작하게 되었다. 4년제 대학의 커리큘럼에 이런 강좌가 개설된 것도 처음 있는 일이려니와 갑자기 맡게 된 중책에 어안이 벙벙한 채로 어느덧 나는 교수 소리를 듣는 사람이 됐다.

이 모든 행운의 뒤에는 선생님의 확고하신 뜻이 있었고 그렇게 한 학기가 지날 무렵 나는 또 다른 놀라운 제안을 받게 되었다. 항상 내 안부를 물어주시고 내가 교수 생활 하는 것을 알게 모르게 살펴 주시던 총장님이 나에게 교무과장이라는 중책을 맡겨 주신 거였다. 4, 50대의 부교수급 이상의 경력자들이나 맡을법한 귀한 자리를 나 같은 애송이에게 시키신다는 생각에 극구 사양했지만 선생님의 특명이라는 설득에 결국 받아들이게 됐다. 당시 내 나이 겨우 27세의 일이었다. 선생님은 내가 잘 해낼 것이라고 모든 것을 일임할 테니 소신껏 해보라는 격려를 주셨고 나는 이에 힘입어 6.25전쟁 통에 엉망이 되어 있던 학적관리와 졸업과 입학 등 학사 제반사항을 엄중히 수행했다. 당시만 해도 대학 졸업장이 수없이 팔려나간다는 말이 나오던 시기라 매사 부정이 없도록 철저한 관리감독이 필요했다. 총장님의 전폭적인 지지가 없었더라면 할 수 없는 일들이 많았고 나는 그렇게 못 볼 것도 보고 경험하지 않았으면 했던 일들도 겪으며 성장하게 되었다.

한창 바쁘게 일하던 와중에 우리나라 연극계의 태두라 할 수 있는 동랑 유치진 선생님을 총장님께 소개하게 된 것도 우연과도 같은 필연이 되었다. 두 현대사의 거목이 만난 자리에서 우리나라 최초 단독 연극학과 창설의 발판이 마련되었다는 것을 오늘날 사람들은 잘 알지 못할 것이다. 당시 4년제 대학에서 소극장과 분장실 그리고 모든 기자재실 등을 갖추어 문교부의 정식 인가를 받아 개설된 연극학과는 동국대가 처음이었고 유일했다.

나는 선생님께서 이미 1945년 8.15 해방 직후부터 대학에 단독 연극학과 창설과 그 필요성에 대해 당시의 문교부 및 정부관계 인사들과 접촉해 오신 사실을 알고 있었고 이에 평소 가깝게 지내며 가르침을 받아온 유치진 선생을 총장께 소개한 것이었다. 유치진 선생 또한 대학에 연극학과의 필요성과 창설 의의를 선생님께 설파하셨고 두 선지자의 의기투합의 결과로 동국대 연극학과는 오늘날까지 대한민국 문화예술계의 거목으로 성장해 왔다.

1960년 첫 입학생을 뽑은 이 학과는 올해로 60년의 연륜을 쌓으면서 남녀 2천여 명에 달하는 연예계 인재들을 배출, 이들이 드라마, 영화계에서 주연급의 배역을 도맡아 해왔고 앞으로도 그럴 것이다. 지금은 연영과로 발전 했지만, 본과의 특성은 연기자를 양성하는 데만 있지 않고 연극 영화 분야를 학문으로 발전시키는데 있었다.

나는 이와 같은 연극학과의 창설멤버로 60년부터 96년 정년때까지 36년간 이 학과에 교수로 재직하면서 연극 영화분야를 당당한 학문 분야로 정초시키는데 일조 했다는 점에 크게 자부심을 갖고 있다. 58년 28세의 나이로 국문과 전임이 되었지만 나의 반평생은 연영과에서 다 보내고 말았다.

지금 와서 생각해보면 백 선생님은 예의 미래를 내다보는 안목으로 문화예술의 중요성을 알고 계셨고 멀지 않은 미래에 우리나라가 '한류'라 불릴만한 연극영화계의 돌풍을 불러올 가능성을 가지고 있음을 내다 보시고 그 기반을 준비해 놓으셨다는 생각이 든다. 그 과정에 나에 대한 파격적인 인사 감행과 전폭적인 지원이 있지 않았나 싶다.

선생님께서 어떻게 그러실 수 있었는지는 지금도 불가사의한 일이지만 예술을 하는 사람들, 특히 연극하는 사람들이 딴따라라고 엄청난 천대를 받던 시절에 총장님은 나 같은 연극쟁이를 귀하게 여기시고 높여주셨다. 그 결과 유치진 선생 같은 분을 동국대 연극학과에 모셔 남산에서 제일 전망 좋은 곳에 현 드라마센터를 이룩하고 거기에 지금의 서울예술대학교의 전신인 연극아카데미를 창립하도록 모든 필요한 지원과 발판을 마련해 주셨다.

첫날밤을 어떻게 치를까

"너 첫날밤을 어떻게 자는 줄이나 알고 장가를 가니?"

대학원을 졸업 후 결혼 날이 잡히고 청첩장을 드리러 선생님을 찾아뵀을 때 나를 반갑게 맞아주신 선생님이 이런 질문을 하신 적이 있다. 마치 할아버지가 친손자를 대하듯 귀여워해주시던 선생님이셨기에 나도 거침없이 되물었던 기억이 난다.

"선생님께서는 독신으로 계시면서 어떻게 그것을 아세요."

선생님은 허허 웃으시며 여느 때와 마찬가지로 동서철학부터 입신 처세에 관한 이야기, 중국 임시정부 시절의 일들, 해방 후 이승만 박사와의 친교와 내무장관 시절의 일화 등을 말씀하셨다. 총장실 한편에 두어 시간씩 머물며 그런 이야기들을 듣고 선생님이 간단한 질문을 하시면 나름대로 대답을 했던 기억이 아직도 생생하다. 선생님은 기특하다, 착하다 하시며 많은 칭찬을 아끼지 않으셨고 내가 어떤 질문을 해도 피하지 않으셨다.

한번은 왜 결혼을 안 하시고 독신으로 계시냐고 묻기도 했는데 의외로 솔직한 답을 주시기도 했다. 독일에서 돌아와 모교에 잠시 있는 동안 여러 곳에서 중매가 왔는데 선생님이 갈만한 곳을 찾으면 모두 할머니 같은 상대였고 남들이 좋다는 곳은 모두 애기 같았다고 하셨다. 그래서 결혼을 할 수 없으셨다는 이야기다.

지금도 떠올리면 기쁨과 감사함으로 벅차오르는 기억도 있다. 경북 의성의 관음사라는 조그마한 절에서 혼례를 올리게 된 나에게 선생님께서 보내주신 화환과 축전은 당시 나로서는 감당 못할 수준의 영광이었다. 넉넉지 못한 집안 사정에 조촐한 결혼식을 올리게 된 나에게 선생님은 총장 백성욱 박사님의 명의는 물론 나는 일면식도 없었던 동국대 부총장님과 재단 상무이사님 명의의 화환과 축전을 보내주신 거였다. 시골 조그마한 절에서 올린 결혼식에 어울리지 않는 수준의 축하 인사여서 나는 혼례를 치른지 얼마 안 돼 상경하자마자 선생님을 찾아뵙고 고마움을 전했다. 선생님은 껄껄 웃으시면 자신이 아니면 누가 보내겠냐며 부총장과 상무이사에게도 부탁해 축하를 해주신 거라 말씀하셨다. 기분이 좋았냐며 물으시던 그 모습이 아직도 눈에 선하다.

그토록 평생에 걸쳐 선생님의 가피와 은혜를 입은 나지만 막상 선생님께서 총장직에서 물러나게 되셨을 때 나는 아무런 도움을 드릴 수 없었다. 4.19 학생 데모와 5.16 군사혁명이 연달아 일어나며 자유당 치하 각료출신의 거물급 총장들이 일제히 직위 해제를 당하던 때라 선생님의 잘못으로 빚어진 일은 아니었다. 그야말로 인연이 다했다는 선생님의 말씀처럼 너무나 아쉬운 퇴임이었지만 막을 수도 저항할 수도 없는 상황이었다. 조간신문에 난 해직 기사를 보자마자 놀란 마음에 총장실로 급히 뛰어올라가 문을 열자 아무도 없는 총장실에 선생님 홀로 앉아 짐을 정리해두고 묵상중이셨다. 나는 "선생님!"하고 불렀고 선생님은 그저 잔잔한 미소만 지으셨던 기억이 난다.

8년간 재직하며 동국대학교의 근간을 마련해주신 선생님의 노고와 업적은 아무리 강조해도 지나치지 않은 것이었다. 선생님의 지휘 아래 교세는 하늘을 찌를 듯 했고 학생들의 사기와 자부심은 그 누구도 당할 자가 없었다.

　백 선생님과 비견될만한 인물을 굳이 꼽자면 일본의 요시다 쇼인같은 사람이 아닐까 싶다. 쇼인은 하급 무사 집안에서 태어나 공부를 잘했지만 기존의 교육으로는 서양 열강의 침략을 이겨낼 수 없다고 깨닫고 일본 전국을 돌아다니며 여러 선생을 찾아 가르침을 청하고 세상 실정을 파악했다고 한다. 밀항을 통해 네덜란드 선박을 직접 보거나 미국 증기선을 보고 미국유학을 결심했지만 시대적 한계로 가지는 못하고 감옥에 수감됐다. 하지만 그곳에서도 감방 동료들끼리 서로 자신이 잘 아는 분야를 가르치며 배움을 게을리 하지 않았다고 한다. 출소 후 고향에 내려가 유배생활을 하는 중에 쇼인의 소문을 듣고 찾아온 학생들을 위해 쇼카손주쿠松下村塾를 세워 약 2년간 제자들을 가르쳤다. 기존의 교육자들과 다르게 배우려는 열망이 있는 자는 신분을 따지지 않고 받아들였고 추상적인 공론은 배제한 채 군사나 산업 등 실제적인 학문에 힘썼다고 한다. 그러면서도 '지성'을 강조하며 결기 넘치는 글로 많은 이들의 가슴을 울린 문장가였고, 오직 일본을 위하는 마음을 지녔던 애국자였으며, 행동으로 인간을 감화시킨 진정한 교육자이자 사상가였다는 평가를 받는다.

　그래서일까, 이 작고 볼품없는 학교에서 일본의 근대화를 이끈 메이지 유신의 주역들이 탄생했다고 한다. 그럼에도 불구하고 쇼인은 대중적으로 잘 알려진 인물이 아니다. 특히 우리나라에서는 쇼인을 아는 사람이 극히 드물다. 내가 백 선생님을 쇼인과 비교하는 것도 이런 까닭에서다. 여러모로 두 사람은 대중적 인지도는 낮지만 후학양성을 통해 조국의 근대화에 기여했다는 점, 그 애국심과 세상을 보는 눈, 제자를 키우는 방법, 글을 잘 쓰는 사상가라는 점 등에서 쌍둥이처럼 닮아 있는 것 같다. 물론 백 선생님 쪽이 조금 더 인간으로서, 또한 종교인으로서 완성된 삶을 사셨다고 생각한다.

삼세인연으로 다시 뵙기를

"전생을 알고자 한다면 현생에 받는 것이 그것이요, 내생을 알고자 한다면 현생에 짓는 것이 그것이다."

〈삼세인과경〉의 이 구절은 우리의 과거와 현재 그리고 미래가 따로 존재하는 것이 아니라 모두 연결되어 돌아가는 전체적인 하나의 구조임을 이야기한다. 선생님은 불교를 과학적으로 설명하길 즐기셨는데 실제로 현대과학이 밝혀낸 시간의 비밀이 이와 같다고 한다. 과거와 현재와 미래라는 시간의 개념은 우리가 생각하는 것과는 전혀 다른 것이어서 아인슈타인 같은 천재 과학자는 이런 말을 남기기도 했다.

"물리학을 믿는 나와 같은 사람들은 과거, 현재, 미래의 구별이란 단지 고질적인 환상일 뿐이란 사실을 알고 있다."

우리는 보통 과거는 가고 없으며 미래는 아직 오지 않은 것으로 여기는데 실제로는 과거와 현재와 미래가 마치 한 덩어리의 식빵처럼 한꺼번에 존재하고 있다는 것이다. 훗날 아인슈타인은 상대성 이론으로 이를 증명해 냈다.

칸트 같은 불멸의 철학자도 "시간과 공간이 관찰자의 주관 안에 있다"고 이야기한다. 다시 말해 사람들은 저마다 자신만의 시간과 공간을 경험하며 살아간다는 것이다. 칸트에 따르면 과거와 현재 그리고 미래는 인간의 마음에서 비롯된 것일 뿐 실제로는 그런 구분이 없다고 한다. 놀라운 이야기 같지만 아주 간단한 과학적 추론만으로도 증명이 되는 사실이다. 과학자들은 지금 우리가 보는 태양이 8분 전의 모습이니 설령 태양이 2분 전에 사라졌다 해도 아직 앞으로 6분은 괜찮다고 이야기 한다. 과거와 현재가 지금 이 순간 아무 구분 없이 공존하고 있는 셈이다.

갑자기 시간에 대한 이야기를 장황하게 하는 이유는 선생님과 처음으로 단둘이 대화를 나누게 됐을 때의 기억 때문이다. 선생님이 나와 3세의 인연이 있다고 말씀하셔서 어리둥절했었다. 나에게 워낙 헤아릴 수 없는 은총을 내려주신 분이기에 사람들은 내 선친이 선생님과 아주 가까운 사이라고 넘겨짚기도 했지만 사실이 아니다. 실제 내 선친께서는 선생님보다 십여 년 연하로 불전에 재학 중 선생님 강의를 들은 적이 있는 정도였다. 선생님은 어느 때 자신이 우리 집에서 밥공양을 한 적이 있다고도 하셨는데 현생을 말씀하시는지 과거 혹은 미래인지 알 수 없었다. 선생님이야 말로 삼세의 인연법을 정확히 알고 계시기에 이를 초월해 인연 따라 자유롭게 살아가는 도인의 풍모를 가지고 계셨기 때문이다.

비유하자면 2차원 세상에 사는 존재에게 3차원을 인지하는 인간은 신적인 존재로 보일 수 있다고 한다. 2차원에서는 할 수 없는 일들을 3차원 존재는 너무 쉽게 하니까 전지전능할 수밖에 없다는 것이다. 그렇다면 3차원 인간에게 4차원을 볼 수 있는 존재는 또 그렇게 신적으로 느껴질 게 당연하다. 나에게 선생님은 그런 분으로 남아계시다. 과거와 현재 그리고 미래라는 삼세 인연법을 훤히 보고 계시는 분이었기에 초능력이라고 밖에 할 수 없는 수많은 일화들을 남기신 게 아닐까 생각한다. 선생님은 "내가 중이 아니다"라고 말씀하셨지만 불도에 통달하시고 돌아가시기 전날까지도 금강경을 암송하신 큰 스님이자 오후 세 시 이후에는 공양을 받은 적이 없는 큰 도인이기도 하셨다.

나에게는 금강경을 읽으라는 말씀은 따로 하신 적이 없고 다만 내가 물었을 때 〈채근담〉 하나를 권해주셔서 모든 처세와 행동에 있어 지침으로 삼아왔다.

오늘은 선생님 생각을 하며 금강경을 읽어볼까 싶어 선생님을 따르는 제자들이 펴낸 수첩형 금강경 소책자를 펴봤다. 다시금 선생님의 그 인자하신 용안과 매주 월요일 동국대학교 전 교수들과 학생들, 심지어 타 학교 학생들까지 몰려들어 듣던 총장특강이 눈에 선하다. 천여 명이 넘는 청중들 앞에서 선생님의 사자후가 울려 퍼졌던 순간을 나는 잊을 수 없다.

無上甚深微妙法^{무상심심미묘법} 百千萬劫難遭遇^{백천만겁난조우}
我今聞見得受持^{아금문견득수지} 願解如來眞實意^{원해여래진실의}

금강경 소책자에는 이런 구절 하나가 새겨져있다. "가장 높고 미묘하고 깊고 깊은 부처님 법, 백천만 년 지나도록 만나 뵙기 어려워라. 제가 이제 보고 듣고 얻어 받아 지니오니 부처님의 진실한 뜻 모두 알기 원합니다."

선생님과 인연이 닿아 가르침을 받은 모든 사람들이 품게 되는 마음도 이와 같은 것이 아닐까. 나는 오늘도 간절한 서원 하나를 세워 본다.
삼세 인연으로 또 한 번 선생님을 뵙고 그 높고 깊은 가르침을 다시 만나게 되기를.

"천여 명이 넘는 청중들 앞에서
선생님의 사자후가 울려 퍼졌던 순간을 나는 잊을 수 없다."

❀너 평생 그렇게 헐떡거리고 살련

이건호(대한불교조계종 방생법회 회장,
대한민국지키기 불교도총연합 공동회장)

대한불교청년회 창립 및 불교 대중화 활동

　해방 후 6.25 전쟁을 겪으며 우리나라는 물론 우리 불교계도 처참하리만큼 열악한 상황에 빠져있었다. 불행 중 다행히도 불심 깊은 청년들이 모여 오늘날 불교계를 대표하는 청년 조직이 된 대한 불교청년회를 창립해 한국 불교의 미래를 이끌어온 청년 불자들을 배출해왔다. 오늘날엔 매주 2회 정기법회를 진행하며 다양한 연간행사를 이끄는 명실 공히 '한국불교 1번지'로 자리매김하고 있지만 청년회가 처음 시작됐던 때만해도 법회에서 일반 대중을 상대로 한 불법 강좌를 이끌만한 역량을 갖춘 스님 찾기가 힘들 정도였다.

가끔씩 청담스님이 법문을 해주시는 정도였는데 이런 어려운 현실 속에서 한국 근대불교 제1세대 학자로 젊은 세대에게 존경을 받으시던 이종익 박사님은 물론 동국대 총장을 역임하며 생활 속 불교 수행의 기틀을 다지신 백성욱 바사님 같은 당대 최고의 석학들이 재가불자로서 적극적인 대중불교화에 헌신하여 오셨다. 필자 또한 10대 후반기부터 불교청년회에 몸담으며 한국 불교의 미래를 위해 우리 재가불자들의 모체인 불교전국신도회에 참여하여 종단의 선지식 스님들은 물론 당대의 석학들을 모셔 대중을 위한 설법을 정기적으로 들을 수 있는 법회를 열어가며 일반 대중들의 삶을 변화시키는 친근한 종교로 거듭나도록 노력해 왔다.

비구대처 정화운동 : 대한민국 불교계의 변화와 혁신

당시 불교 대중화를 위해서 해결해야 했던 난제 중 하나가 1955년 이승만 전 대통령의 이른바 '정화' 유시를 빌미로 시작된 비구대처 정화운동이었다. 해방 직후 한국사회 전반에는 일제 식민 잔재를 걷어내고자 하는 일제 청산 운동이 전개되었고 불교계 역시 그런 흐름에서 예외가 아니었는데 잘 알려진 것처럼 불교계의 식민 잔재 청산 작업은 원활하게 이루어지지 못했고 오히려 비구 대처 간의 분열로 이어져 종단과 스님들은 물론 불교계의 일대 혼란이 거듭되어 불교계 발전의 장애물이 됐다. 앞서 말씀드린 이종익 박사님이나 백성욱 박사님 모두 금강산에서 수도하며 도를 행하신 선지식의 고승들이셨지만 출가자로서는 대한민국 불교를 재건하고 혁신을 이루는데 한계가 있으심을 느끼고 두 분은 물론 많은 불교계 석학들께서 환속하여 학계는 물론 종단과 일반 대중을 대상으로 활발한 포교활동을 펼쳐 근대 불교 중흥에 이바지하신 분들이다. 이종익 박사님은 환속하신 후 불교 발전을 위해 불교혁신총연맹 회장에 백성욱 박사님을 추대하기도 했는데, 두 분 박사 모두 일본과 독일에서 유학하며 미래 불교가 나아가야 할 길을 연구하고 고민한 분들로 이 두 분이 만해 한용운 선사의 지도를 받았다는 공통점이 있음은 물론 두 분 다 승려 생활을 하며 도를 깨친 후에는 환속해서서 대한민국 불교의 중흥을 이끌었다는 점은 비구와 대처가 대립할 게 아니라 함께 화합하여 불교계의 혁신과 발전을 위해 노력해 나가야할 동반자 관계임을 잘 보여주는 사례가 아닐 수 없다.

우리말 팔만대장경 출판

비구 대처 정화운동을 시작으로 승단과 종단의 불화가 극심해진 가운데 대한민국 불교계의 앞날이 더욱 어두워만 보일 무렵 한줄기 빛과 같은 업적도 있었다. 일제 식민지 잔재를 청산한다는 기치 아래 시작된 정화운동이다 보니 대처승을 필두로 재가불자들에 대한 친일논란이 있었는데 당시만 해도 일본불교가 앞서던 시기라 대다수의 우리나라 불교계 석학들은 일본유학파 출신이었고 유명하신 스님들도 거의가 일본에서 공부한 분들이었다. 이분들은 친일을 한 것이 아니라 극일, 또는 지일을 했다고 보는 것이 맞다. 이종익 박사만 해도 일본유학을 통해 우리 민족문화사를 더듬어 올라가며 불교학은 물론 우리 겨레의 생활사·문화사·사상사에 대한 공부를 할 수 있었고 그 결과 한국불교 연구 역시 민족문화의 부흥과 정체성 해명이라는 큰 틀 안에서 이루어진 것이었다. 일본 유학을 계기로 오히려 우리 민족이 처한 현실에 통감할 수 있었고 이것이 그의 생애는 물론 학문에서도 전환점이자 굳건한 토대로 작용해 우리나라 민족불교, 근대불교의 대중화를 위해 크게 기여하실 수 있었던 것이다.

필자는 대한불교청년회 성전편찬위원회의 일원으로 한글로 풀이된 경전이 절대적으로 부족했던 시절, 청년 불자들이 나서 부처님 가르침을 한 권에 집약한 《우리말 팔만대장경》이라는 불교성전 간행에 착수했던 것이 비구 대처 정화운동이라는 거대한 소용돌이 속에서도 비구와 대처가 함께 협력하여 내놓은 한국 불교사에서 가장 빛나는 대작불사라고 생각한다.

《우리말 팔만대장경》은 당대의 일본유학파가 주류였던 석학들은 물론 한국불교의 선교율을 대표하는 스님과 학자들이 대거 참여했다. 위원장 권상로 스님, 부위원장 운허스님, 김동화 교수 외에도 청담, 성철, 자운, 추담, 일타, 탄허, 관응 스님과 김대은 스님, 서경보 스님, 김달진 선생, 김법린 전 동국대 총장, 김잉석, 우정상, 이은상, 이종익, 임석진, 조명기, 홍정식, 황의돈 교수 등이 편집위원이었고 무더운 삼복더위 속에서도 5월초에 시작된 집필이 8월 말에 원고 7,000 매가 탈고됨으로써 순조롭게 끝났다. 집필이 되는 동안 대한불교청년회성전편찬위원회 회원들이 천중사에서 백일기도를 올리며 이 불사가 순조롭게 진행되기를 발원했으니 그야말로 비구, 대처 그리고 재가불자가 한 마음이 되면 무엇이든 이룰 수 있다는 것을 세상에 보여준 근대 한국 불교 역사상 승속이 함께한, 특히 청년 불자들의 발원이 이루어진 대작불사라 할 수 있었다. 무엇보다도 이 책의 출간 이후 종단의 역경사업이 유래 없이 활성화됐다. 이듬해 동국역경원이 설립되면서 대장경 한글화가 시작된 것이다.

백성욱 박사님의 재가불자 수행법

부처님 당대에도 승단이 중심이 되어 부처님의 가르침이 전승되고 그 교화력이 세계로 뻗어나갔지만 재가불자들 또한 승단 못지않게 중요하게 여겨졌으며 실제로 수많은 재가불자들이 세속에서 부처님 가르침을 따르고 수행하며 정진하면서 복짓고 지혜에 가까운 안정된 생활을 하게 되었다. 잡아함경에는 다음과 같이 부처님께서 재가불자들을 승단과 똑같이 중하게 여기고 수행을 격려하신 가르침이 남아있을 정도다.

"인생을 전체적으로 꿰뚫어보아 괴로움이 무엇인가를 있는 그대로 알고, 무엇이 괴로움을 초래하는가를 알아야하며, 괴로움에서 벗어나는 해탈을 알아야하고, 해탈을 얻을 수 있는 구체적인 방법을 알아서 실천하는 것이 우바새가 지혜를 갖추는 것이다. 비록 처자 권속을 거느리고 세속에 살면서 재물을 얻기 위해 갖가지 사업에 힘쓰더라도, 법을 얻을 수 있는 길은 항상 열려 있다. 삿되지 않고 바르게 집중하여 비추어보는 힘을 갖추기만 한다면 능히 삼매^{三昧}를 얻을 수 있나니, 지혜로운 사람이라야 하루 속히 열반^{涅槃}의 고요함을 증득할 수 있다."

- 〈잡아함경〉 中에서

　　백성욱 박사님이야말로 이런 부처님의 가르침을 충실히 따르셨던 도인으로서 생활과 수행이 따로 있지 않음을 깨닫게 해주시며 범부들이 생활 속에서 실천 가능한 불교수행법을 가르쳐 주셨다. 필자는 백성욱 박사님이 소사에 머무실 때 일주일에 한번 씩 찾아뵙고 가르침을 받았는데 백 박사님이야말로 당대에 부처님이 제자들을 대하던 대로 그대로 하시는 분이구나 하는 느낌을 받았다. 그 깊이를 헤아릴 수 없이 도가 높으신 선지식을 그렇게 편하게 대할 수 있었다는 게 지금 생각해도 선생님과 보다 커다란 인연이 있지 않았을까 생각된다. 그만큼 제자들을 편하게 가르쳐 주셔서 수행하며 모르는 것을 얼마든지 여쭤볼 수 있었고 그 어느 때보다 신심 발심하여 수행에 정진할 수 있게 도와주셨다. 또한 제자들의 전생과 미래를 꿰뚫어 보시고 필요할 때마다 가르침을 주셔서 감복한 적이 많다. 오늘날까지도 필자가 살아가는데 지침이 되시고 힘이 되어주시는 스승님이시다. 살면서 어떤 위기가 와도 백 선생님을 생각하며 배운 대로 행하면 막히는 일이 없고 안 되는 일이 없다는 생각이 든다.

죽을 사람 살리는 선생님의 가르침

백 선생님을 처음 뵀을 때 생각이 난다. 청담 스님의 심부름으로 광업공사 사장으로 계시던 백 선생님 사무실을 찾았다. 비서분이 먼저 반겨주셨는데 천하에 미인이셔서 놀랐던 기억이 새롭다. 20대 청년이던 나는 그렇게 잘생긴 미인을 처음 봤다. 마치 관세음보살이 앉아계신 듯 느껴지는 아름다움이었다. 훗날 백 선생님이 동국대 총장직에서 물러나 수행생활을 하실 때 함께 하시며 백 선생님께서 열반에 드실 때까지 보필해 주신 정 여사님이 바로 이때 뵌 비서분이었다. 선생님을 뵈러 왔다는 말에 안내를 받아 들어가 보니 미간에 백호가 뚜렷한 모습의 부처님 한분이 계셨다. 처음 뵌 그 모습이 지금까지도 잊히지 않을 만큼 백 선생님은 부처님 그 자체셨다. 그래서일까 평생을 살면서 하루 24시간 잊을 수 없는 분이 바로 백 선생님이시다. 그 일거수일투족이 부처님 행이셨기에 불교종단사회에서 백 선생님을 도인으로 모셨음을 알 수 있었다. 20대 초반의 나는 선생님께서 동대 총장을 하실 때도 간간히 찾아뵙고 가르침을 받았고 총장에서 물러나신 후 소사에 계실 때도 가까이 지내면서 금강경 공부와 미륵존여래불 염송을 평생 정진하며 게을리 하지 않고 있다.

일주일에 두 번 선생님을 뵈러 갈 때면 머릿속이 온통 질문투성이로 복잡했는데 막상 선생님을 뵙고 나면 마음이 차분히 가라앉았다. 선생님은 장궤를 해서 두 시간 동안 미륵존여래불 정근을 시키셨는데 이 공부는 해보지 않으면 가늠이 안될 만큼 어려운 것이었다. 30분만 장궤하고 미륵존여래불 염송을 해보면 그렇게 힘들 수가 없었다. 죽을 것같이 힘든데 40분을 넘기면 그때부터 다시 할 만해졌다. 그렇게 두 시간을 하고나면 온몸에 땀이 비 오듯 흐르면서 온 몸이 시원한 느낌이 말도 못하게 좋았다. 내 아상이 사라진다는 것이 이런 거구나 싶었다. 선생님은 미륵존여래불을 염송하면서 자기 생각을 모두 부처님께 바친다는 마음으로 하라고 가르치셨다. 직접 부처님 앞에서 마음 닦는 법을 배운다는 생각으로 열심히 했다. 금강경을 읽을 때도 여기 부처님이 계시다는 생각으로 읽으라는 가르침에 신심이 나고 자연스러운 세상의 이치를 터득하는 경험을 했다.

이런 수련이 계속되면서 나의 기본 마음가짐과 언행이 많이 바뀌게 되었다. 한번은 재일교포들을 중심으로 모국 방문 순례단 30여명이 배를 타고 오면서 당시 일본에 비해 못 먹고 못사는 모국 사람들에게 양말 한 켤레라도 더 주려고 박스에 온갖 구호물품들을 가득 챙겨 온 적이 있었다. 그때만 해도 우리나라 사람들은 못 배우고 못살던 때라 예의도 없고 민도가 엉망이던 시절이었다. 그나마 나를 비롯한 한국 불교 청년회가 이종익 박사님과 몇몇 뜻있는 스님들과 함께 이분들을 맞이해 안내를 하고 한국이 어떻게 하면 일본 같이 잘 살 수 있을까, 어떻게 한국 불교를 되살릴까 논의하던 때였다. 그런데 무슨 오해가 있었는지 모국 방문 순례단의 정원용 사무국장이라는 분이 세관을 거쳐 나오던 중 빨갱이라는 누명을 쓰고 국가보안법 위반으로 사형에 처해지는 위기가 있었다.

당시 정원용 선생이 8.15 해방 때 북한에서 넘어온 분이라 무조건 빨갱이라는 선입견이 있었던 것 같다. 어쨌든 사형을 구형받아 일이 급박하게 돌아가게 되니 사건을 맡은 변호사가 이르길 증인을 세워 판결을 뒤집는 수밖에 없다고 했다. 증인이라고 해봐야 이종익 박사님과 나밖에 없었는데 증인을 잘못 섰다가는 같이 엮여 들어갈 판이라 위험한 일이었다. 고심 끝에 내가 합장하고 미륵존여래불을 염송하며 증인을 서겠다고 나섰다. 지금 생각해도 어디서 나온 용기였는지 모른다. 증인을 잘못서면 누명을 쓴 정원용 사무국장도 사형을 받고 나 또한 처벌을 받을 일이었다. 그럼에도 불구하고 옳은 일을 해야겠다고 생각했고 모국 방문 순례단을 3회에 걸쳐 모시며 우리 한국의 못살고 어려운 형편을 그들이 직접 보며 모국이 잘살기를 고대했던 진정성과 이종익 박사님을 포함해 스님과 불자 교수 신도들이 그분들의 초청을 받아 일본을 처음 방문하며 정원용 사무국장의 생활과 정신에 너무 큰 감명을 받았던 일들을 떠올렸다. 그러자 백 선생님이 불현 듯 생각났고 선생님께 배운 대로 하면 된다는 자신감으로 임했다.

매서운 눈초리로 노려보는 검사 앞에서 나는 차근차근 상황을 조리 있게 설명했다. 정원용 사무국장은 자기 방 한 칸이 없으면서 오직 대한민국을 위해 살아오신 분임을 말하고 북한에서 홀로 넘어와 일본에서 갖은 고생을 하고 우리 교포사회에 불법을 펼쳐 오신분임을 밝혔다. 또한 일본정부와 재일교포간의 문제를 해결하느라 열성을 다해 오신 정 사무국장의 삶에 대해 이야기했다. 이런 분이 어떻게 빨갱이겠느냐고, 지극

정성으로 조국 동포들을 위해 양말 한 짝이라도 더 주고 잘살게 하려고 노력하신 분임을 피력했다. 검사가 펄펄 뛰며 반박했지만 마침내 판사가 고개를 끄덕이며 무죄를 언도했다. 그때의 기쁨이란 이루 말할 수 없는 것이었다. 선생님께 배운 대로 행하니 죽을 사람도 살리는구나 싶어 부처님의 무량하신 지비와 가피를 나시 한 번 체험한 순간이었다.

그런 후에도 내 삶은 도전의 연속이었다. 매년 초파일 행사를 여의도에서 십만 사부대중을 모아 놓고 한 적도 있었다. 이걸 어떻게 내가 하지 걱정하는 마음을 모두 미륵존여래불하며 부처님께 바쳤다. 된다 안 된다가 없이 무엇이든 정성을 다해서 할 수 있다고 마음먹으면 그대로 되는 신심으로 정진할 따름이다. 선생님의 가르침이 어떤 뜻이었는가를 살면서 불사하고 염원하며 행하는 것이다. 나라는 아상에 사로잡혀 내 욕심만으로 한 세상 살지 말고 부처님 전에 복짓는다는 마음으로 행하고 그러므로 지혜로운 생각으로 발원하면 뜻을 이루게 된다는 한 생각으로 살아온 것이다.

아직도 헐떡이며 산다

한번은 세계적으로 유명한 빌리 그레이엄 목사가 우리나라를 찾은 적이 있었다. 그때 기독교인들이 그레이엄 목사를 보려고 구름떼처럼 몰려나왔다. 기독교의 대단한 위세를 보여줬던 여의도 광장의 한국 전도대회에는 수십만 명의 기독교인이 결집해 성공적인 축제 분위기를 만들었다. 그런 모습을 바라만 보는 불교인들은 부럽기도 하고 애가 타는 현장이었다. 우리 불교도는 왜 저런 행사를 못할까, 원망스럽기도 하고 한심한 마음이 들어 백 선생님께 이렇게 여쭈었다.

"선생님, 저 기독교인들이 빌리 그레이엄 목사를 데려다 저렇게 크게 집회를 합니다. 우린 왜 못합니까? 전국의 불교도가 기독교도들보다 훨씬 많은데 우리는 왜 못하고 부러워만 해야 됩니까?"

그러자 선생님께서 나는 넌지시 바라보시며 말씀하셨다.

"빌리 그레이엄 목사가 사람들 모아다 놓고 나쁜 소리 하겠니?"

"아뇨. 좋은 소리는 많이 하는 것 같습니다."

"그럼 뭐가 걱정이고 큰일이니? 기독교가 처음부터 그 이름이 기독교였니? 사람들 많이 모아놓고 잘살아라 축복받고 좋은 소리 들어 그네들이 밝아지지 않겠니? 그런데 네가 왜 그리 흥분하고 염려를 하니?"

더워서 숨이 넘어가는 사람에게 시원한 찬물 한 바가지를 부어 주는 것 같은 가르침이었다. 나는 머리가 맑아지는 느낌이 들며 선생님 말씀에 절로 고개가 숙여졌다. 그 후로 나는 어떤 타 종교 행사에도 전혀 동요하는 마음이 들지 않았다. 불교건 기독교건 천주교이건 또는 다른 이름의 종교이건 간에 좋은 말씀을 나누고 더 밝아지겠다고 하는 집회는 무엇이 됐든 좋은 것임을 깨달았기 때문이다. 다만 사람들이 그 이름을 기독교다 불교다 천주교다 하는 것이 아닐까. 나 또한 법사라는 이름으로 한평생을 불교인으로 살아오면서 천주교나 기독교에서 하는 많은 행사에 편견 없는 마음으로 참여해 같이 기뻐하고 슬퍼할 수 있었던 것은 바로 그때의 선생님 말씀 덕분이었다.

한번은 내가 막 결혼을 앞두고 선생님께 인사를 드리러 나선 적이 있었다. 바로 다음날이 결혼식이어서 마음이 들떠있었고 여느 때와 마찬가지로 급한 성격에 이리 뛰고 저리 뛰던 때였다. 선생님 계신 곳이 내 집에서 약 5km 거리쯤 됐는데 선생님이 문 앞까지 나와 나를 바라보고 계셨다.
"선생님, 어떻게 나오셨어요. 저 곧 결혼합니다."
"알고 있다 이 녀석아, 그래서 내가 너를 마중 나왔지 않니?"
나는 순간 뭉클했다. 워낙 앞일 예측을 잘하시고 제자들 마음을 손바닥 뒤집듯 들여다보시는 분인걸 알고 있었지만 결혼하는 나에게 특별히 더 신경을 써주시는 것 같았다. 선생님의 자애로우신 그 모습을 생각하면 지금도 찡하며 "미륵존여래불"하게 된다.
"애야 네 처될 사람이 무슨 마음으로 결혼을 하는지 아니?"
선생님은 내가 어떤 인연으로 지금의 아내를 만나서 살아가게 되는 것인지를 설명해주셨다. 원수가 만나 부부가 된다고도 하는데 실로 가까워서 사랑하고 그렇기에 더 밉기도 한 것이 부부라는 걸 살아가면서 절절히 느낄수록 그때 선생님께서 일러 주신 전생 이야기가 가슴 깊이 와 닿는다. 그 법문 덕분에 결혼 생활의 위기를 잘 극복해 낼 수 있었지 않나 싶다.

그날 선생님께 인사를 드리고 나서는 길에 바쁘다는 생각으로 십여 발 걸은 뒤 급하다는 생각으로 뛰자마자 선생님은 "얘야!"하고 부르신다. "예"하고 다시 선생님 앞에와 합장하고 있으니 "이 녀석아, 너 언제까지 그렇게 헐떡거리며 뛰고 살련?"하시며 "어서가라"하신다. 뭐가 그렇게 바빴는지 인사를 마치자마자 또 종종거리며 나서는 나를 불러 세우시며 선생님은 그렇게 말씀하셨다. 지금도 급한 성격을 누르지 못해 분주한 나를 한 번씩 돌아보게 만드는 가르침이다. 그때 나를 안타깝게, 아쉽게, 따뜻하신 자비의 눈길로 바라보시던 선생님 모습이 아직도 생생한데 나는 어느새 백발이 성성한 채 그날, 그 말씀을 되뇌며 그 모습을 가슴에 품은 채로 살고 있다.

"얘야, 너 언제까지 그렇게 헐떡거리며 살련!"

"이걸 어떻게 내가 하지 걱정하는 마음을
모두 미륵존여래불하며 부처님께 바쳤다."

❈ 오늘의 부처님, 백성욱 박사

류종민(중앙대 명예교수)

금강경을 체득하는 수행법을 만나다

백 박사님에 대한 사량과 분별은 내 분외의 일이고 또 형용할 수도 없다. 다만 간접적으로 받은 영향과 간절한 추모의 마음으로 이 글을 쓸 뿐이다.

백 박사님을 처음 뵌 시기는 60년대 중후반 풍전상가의 삼보 법회 때이다. 금강경을 독송하고 요체를 말씀하신 것 같은데 그때 내용은 생각나지 않지만 그 분위기에 감명을 받았고 더욱이 특이한 기억은 백 박사님 머리위에서 아지랑이 같은 것이 피어오르는 점이었는데 눈의 착시인가

하고 몇 번 부비고 봐도 그렇게 보이는 것이었다. 그래서 옆에 같이 갔던 분에게 물어 봤더니 그 분은 그렇게 안 보인다고 한다. 아마도 백 박사님께서 발하신 밝은 파장이 내 눈에 그렇게 보인 것이 아닌가 싶었다. 그 후에도 몇 번 말씀을 듣게 되면서 참 밝으신 분이구나 생각하였다.

그즈음 나는 정신적으로 이끌어 주던 간곡한 스승 두 분을 여의고 허탈한 상태에 있었기 때문에 특별히 새로운 스승을 찾아 나서겠다는 간절함이 없었다. 어릴 때부터 금강경 사구게 족자를 보면서 자란 나는 현상계가 덧없이 허망하다는 생각을 다시 한 번 절감하던 시절이었다.

이후 결혼을 하고 새로 생긴 미술교육과를 하나 창설하는 소임을 맡고 강릉으로 가게 되었는데 경주에 계시던 어머님을 통해 김재웅 법사를 만나 금강경 정진과 바치는 법 수행을 하게 되었다. 내 나름대로 금강경을 안다고 생각 했지만 수행을 통해 체득 실천하는 것이 중요하다고 느껴 서울로 상경할 때마다 혜화동 법당에 들러 정진 수행을 했다. 그 법당의 측면이 마침 장욱진 선생님 댁과 접해 있어서 종종 뵙고 사모님 진진묘 보살님과도 얘기를 많이 나누게 되었다

법당에는 김재웅 법사 외에도 이광옥 법사, 김정섭 법사가 있어서 대화를 많이 나누었고 강신원 강말원 보살 같은 이가 정진에 많은 도움을 주셨다. 더욱이 강말원 보살이 내게 주신 백 박사님의 금강경 해설집에는 경의 요체와 모든 수행의 실제가 다 들어있어서 몇 번이고 읽으면서 백 박사님의 말씀을 익혔다.

환희심까지도 바쳐라

한번은 내가 강릉에 내려가서 조형물을 급히 완성해야 할 일이 있어 대학 작업실에서 밤늦게까지 일하고 있는데 전화가 왔다. 장욱진 선생님, 진진묘 보살님과 이광옥, 김정섭 씨 네 분이 동해 호텔에 묵고 있는데 빨리 오라는 독촉이었다. 나는 그저 바람 쏘일 겸 오셨나 해서 내일 아침 가서 뵙겠다고 말씀드리고 조력자와 작품을 늦게까지 마감한 후 다음날 아침에 가서 뵈었다. 그랬더니 백 선생님께서 강릉에 내려가라고 하신 뜻은 유 선생을 보라고 하신 것으로 알고 있는데 이제 오면 어떻게 하느냐고 섭섭함을 비추셨다. 얼마나 송구하고 계면쩍은지 왜 나 같은 사람을 백 선생님께서 가서 보라고 하셨을까 생각했다.

이후 꼭 뵈어야겠다는 마음에 어느 날인가 날을 잡아 장욱진 선생님 댁을 찾아뵈었다. 그날은 진진묘 보살님도 큰 행사를 치르는 것처럼 나를 기다리고 계셨는데 김정섭 씨가 나를 안내하기로 하고 버스를 타고 동부이촌동 백 선생님 계시는 곳으로 향했다. 그런데 어떻게 환희심이 나는지 길가는 사람들이 다 해탈하는 것 같이 보이는 것이었다.

밝으신 이를 향한다는 것이 이런 것인가 하고 이촌동 아파트로 들어가니 보살님이 계셨고 백 선생님이 나오시는데 환희심이 나서 3배를 올렸다. 나는 그저 3배 올린다는 기쁨 외에는 다른 생각이 없었는데 한 말씀을 주셨다.

"자기 생각은 무엇이든지 부처님께 바쳐라 지극히 바치면 나중엔 자기가 무엇을 하고 있는지도 모르게 될 것이다. 그때 우주와 하나가 된다."

그 말씀을 듣고 환희심 내서 혜화동으로 돌아 왔는데 진진묘 보살님이 마루에 앉아 계시다가 가서 무엇을 여쭈었느냐고 궁금해 하신다. 나는 여쭐 말이 하나도 없어서 공경심으로 말씀만 듣고 왔다고 했더니 무릎을 치시면서 우리도 그랬어야 하는데 무엇을 자꾸 여쭈어 듣기를 원했다고 그러시는 것이었다.

84년에는 중앙대에 조소과 창설의 소임을 맡고 서울에 올라오게 되었는데 그 해 겨울 강신원 보살이 새벽 2시면 내 논현동 집의 초인종을 눌러 그 차를 타고 영락없이 혜화 법당에서 새벽정진을 하곤 하였다. 백 선생님도 가끔 주석하신 법당에서 금강경 7독을 하고 바치는 기운이 참으로 좋았다.

전생을 보고 사랑을 깨닫다

이후 언젠가 전생을 보게 되었는데 처음엔 너무 놀라서 며칠간 말도 하지 못했다. 백 선생님께서는 이런 것도 미리 다 보셨을까? 조선 초 혼란한 왕조의 악역 이방원이었다. 성군은 배출되었지만 그 후 역사 속에 맡은 소임은 다 중생놀음이고 그때에 필요했던 연출이었을 뿐이라고 생각하고 많이도 바치며 정진하였다. 얼마나 업장이 소멸 되었을까? 바치고 또 바칠 뿐이다.

　혜화법당에서는 나도 법문을 하라고 해서 하게 되었는데 나중엔 금강경 강해를 계속해서 하는 것이 낫겠다 싶어 그렇게 하게 되었고 보살들이 녹음한 것을 한 20년 모아서《오늘의 금강경》이라는 강해집도 내게 되었다. 매년 되풀이 되도 그것은 오늘에 살아 있는 오늘의 금강경이라는 뜻이고 또 오늘의 얘기가 반영되었기 때문에 그 순간은 같지가 않을 것이다.

　뉴욕과 LA에서도 몇 번 법회를 가졌는데 한번은 LA에서의 한 보살이 내가 법문 중 문득 엄지를 만난다는 얘기를 듣고 내 문도이었던 자기 전생을 보고 또 백 선생님도 뵈었다고 했다.

　이라크 전쟁 개전 날 생각하는 바가 있어 뉴욕 법당을 갔는데 법당에서 자꾸 기침이 나기에 들여다보니까 부시 대통령과 후세인의 업보가 꾸짖는 마음이 되어 기침이 나는 것이었다. 이를 깨닫고 많이 바치게 되었다. 그래도 후세인의 업보가 좀 엷어졌는지 죽기 전 다국적군을 미워하지 말라는 말까지 했다고 한다.

　한번은 금강경의 요체와 수행을 교불련 논집 초기에 실었는데 이것을 독일어로 번역해 뮌헨 근교 란스버그 카톨릭 재단의 수행처에서 법회를 열었는데 모두 가부좌하고 미소 띤 외국인의 모습이 얼마나 경건한지 놀랐다. 벨기에 운하도시 브루지에서도 그랬고 서양인들의 종교적 정신적 자세가 진지하였다. 그곳에선 호텔을 마다하고 어느 신도의 집 지붕 밑 방에서 잤는데 새벽에 지붕 위의 새들이 지저귀는 것을 이상하게 알아들을 수 있는 것 같아 신기하였다. 아씨씨의 프란치스코 성인이 생각나기도 했다. 세상의 모든 유정 무정과 통화할 수 있는 것을 사람들은 왜 잊고 있었을까 하고 오히려 지난 미혹을 성찰하였던 것이다.

세상에 밝은 도인이 출현한다는 것은 그 민족 그 나라의 다행만이 아니라 인류의 다행이며 지복이다. 그로인해 문화 역사는 끝없이 새로워지고 상승하는 것이다. 나는 감히 백 선생님을 그런 분으로 숭앙한다. 좋은 선지식을 만나고 밝은 도반을 만난다는 것은 가치 있는 삶을 살게 되는 그 생의 복이요 선근의 은덕이 아닐 수 없다. 금강경에 이 경을 만나는 인연이 일불이불삼사오불이종선근一佛二佛三四五佛而種善根이라 하지 않았는가. 이 오탁악세에서 밝은 이를 만난다는 것이 어찌 그 생의 우연한 복이겠는가.

이 어려운 시대의 수행법을 가장 간편하게 제시해 주신 선생님의 은덕을 무엇으로도 다 갚을 수가 없다. 오직 인연 닿는 모든 이가 모든 업보 업장을 해탈하고 신신발심信心發心해서 이 수행으로 밝아지기를 발원할 뿐이다.

처음 접하는 이 중에는 바치는 법을 어느 정도 이해하게 된 다음에도 왜 하필이면 미륵존여래불이냐고 묻는 이가 있다. 물론 백 선생님께서는 그것도 분별하지 말라 저절로 알아질 때까지 바치라고 말씀하셨지만 저번에 한번 그 질문을 받았을 때 나는 이렇게 대답하고 싶었다.

마이트레야Maitreya미륵의 원뜻은 사랑慈氏이고 이제 오는 세상은 비悲가 적은 사랑만으로 이루어지는 밝은 세상이고 다음은 그것이 가져오는 평화平

^{和}이며(근원적인 자유와 해탈의) 이것은 약속(맹약)이라고.

사랑과 평화와 약속의 부처님이기에 석가여래의 마음 가진 오늘의 부처님이시라고. 백 박사님께서는 김재웅 법사의 안내로 경주에 가셔서 대덕당 보살을 제도하시기 위해 공양을 받으시고 긴긴 전생의 이야기를 끝없이 하셨는데 체루비읍이 되셔서 그것을 다 기억하지 못하시는 것이 아쉽다. 그리고 삼국을 통일한 분이 법이 서야 나라가 통일된다는 말씀을 그 이전에 하셨다는데 과연 누구를 가르치신 것인지 궁금하다.

어머님의 발원문에 단석산의 돌 하나를 갖다놓고 당신이 비록 미급하지만 원효대사와 같은 대성사나 김유신 장군 같은 큰아들을 점지해 주시기를 발원하고 기록한 작은 수첩을 본적이 있는데 과연 그 뜻이 이루어졌을까 생각했고 더욱 나는 예술가이니 무장과는 거리가 멀다고 생각했는데 언제인가 누가 내가 김유신 장군이었다는 말을 들은 적이 있다. 처음에는 설마 그러랴 했는데 언제부터인가 그럴 수가 있겠다는 생각이 들었고 김유신 장군에 관계되는 많은 사실을 알게 되었다. 그 누이 문희의 장남 법민이 문무대왕이 되고 호국용이 될 것을 발원한 것에 깊은 감명을 받았고 그 화장터와 대왕암과 감은사 탑도 참배 하였다

그러나 그는 우리나라가 제대로 통일이 안 되었다는 생각이 들었는지 삼국통일이 된 80여년 후 백제에 미안했던 마음으로 그 땅의 아사달로 태어나 불국사의 다보탑과 석가탑을 조성하고 백제의 뛰어난 예술혼을 선양하는 역을 맡았던 것이다. 이는 진진묘 보살님과 그 친구 홍묘법

장이 27세가 된 내게 전한 이야기인데 아사달이어서 이생에 조각을 하는 것일까 싶었다.

백 선생님께서는 이 인연까지 다 보셨을까? 이후 백 선생님을 모시고 오신 정 여사님께서는 어미님이 평양여고 선배시라고 안성 정진소에 있을 때 몇 번 찾아 오셨고 내가 백 선생님의 손실된 대성사 위의 사리탑을 중수할 수 있도록 큰 의뢰를 주셨다. 그때 사리탑과 비문이 큰비와 사태로 손상되어 대성사 한쪽 뜰에 쌓아두었는데 어찌할 바를 몰라서 시간만 가는 터에 그것을 중수하는 일이 내 소임이구나 깨닫고 발원하여 정 여사님께서 근처의 돌 공장에 들리셔서 석공장을 데리고 오셨고 그 사람과 의논하여 중수 할 부분을 어떻게 교체할 것인가 점검하고 비문도 기존글자를 그대로 살려 깨끗이 다시 각인하였던 것이다.

사리탑 장소는 여러 사람의 의견을 들은 다음 소사도량의 지금 장소에 안치하게 되었는데 백 선생님께서 마음에 두셨던 곳으로 환지본처하여 돌아오셨구나 하였다. 백 선생님 열반일 때마다 독송회에서 찾아뵙고 경 일독하고 바치고 경배하는데 중수한 부분이 잘 모르도록 이제는 자연스럽게 보여 감사한 마음뿐이다.

동국대학 위 남산자락에 모셔진 손혜정 선생님 사리탑은 올라가는 길과 주위정비를 좀 해야겠다고 해 그때 어느 보살이 나무를 대고 나도 마침 도반 김정호 사장 덕분에 맡은 조형물에서 일봉을 할 수 있어서 환희심 내어 조력했는데 어느 날 새벽정진을 하는 가운데 범종소리를 듣게 되었다. 그때 내 몸이 종이 되고 진동파장이 내속에서 울려 나오는 체험을 하고 놀랐는데 백 선생님께서 종소리가 밖에서 들리지 않고 제 속에서 들리면 탐심이 해탈된 줄 알라고 하신 말씀이 그런 것인가 하였다.

금강경에 피비중생彼非衆生이며 비불중생非不衆生이라 하였는데 그때가 피비중생인가 싶었다. 그 보시공덕으로 이 못난 사람의 무시겁 탐심이 해탈되었다면 그 순간만이라도 얼마나 감사한 일인가. 그러나 다시 비불중생이 되었으니 중생의 습기와 껍데기는 쉽게 벗을 수가 없나보다

수행이 행복이다

백 선생님과의 보이지 않는 교화의 영향은 더 이전으로 거슬러 올라가 금강산 수도하신 때와도 연루된다. 그때는 대방광불화엄경 정진을 하게 하셨는지 부친이 가정교사를 하실 때 그 집 아들이 금강산에 다녀와서 교화를 받고 대방광불화엄경 염창을 하라고 해서 부친이 해보니까 좋더라고 하셔서 나도 혼자 있을 때나 길을 갈 때 대방광불화엄경을 염송하면서 좋아했던 것이다. 그때는 부처님 세계의 광대한 우주가 시원하게 전개되는 기분이 들었다

그 후 논현동에 있을 때인가 손혜정 선생님과 백 선생님을 친히 아시는 어른을 만나서 종종 얘기를 듣고 또 동국대학교에 계실 때 연관된 얘기도 들었다. 동국대 장한기 선생님과는 백 선생님께서 삼세인연이라고 하셨다는데 김동규 선생께서 소사에 정사를 마련하셨을 때 금강경 이야

기책을 소개한 인연으로 그 내조의 백경남 교수와 동참했고 그 후 장 선생님의 광화문 오피스텔에서 정기적으로 점심도 하고 바둑도 두었다.

백 선생님 법으로 내가 부처님 시봉을 하게 된 인연은 다 말할 수 없으나 그 중에도 교불련과 인연을 맺은 것이 이 법의 법사 김원수 교수 와의 연이었으니 창립 때부터 동잠하게 되어 시금까지 30년을 노심초사하고 보람도 느꼈으나 이젠 마음을 내려놓고 회향하였다.

나는 지금 행복하다. 백 선생님 법으로 인연 맺은 많은 도반, 정천구 교수, 윤근향 보살, 김양경 선생, 정재락 교수, 이선우 씨를 비롯한 도반과 송석구 총장, 송재운 교수, 이건호 씨와 또 교불련에서 영입된 새로운 교수 도반들이 백 선생님 법 연구원을 만들어 학술대회를 열고 그것을 결집하는 계기를 만들었으니 얼마나 고마운 일인가.

이 법은 널리 홍보되지 않더라도 사가이면면 불가이근근^{斯可以綿綿 不可以勤勤}이란 말처럼 백 선생님의 수행지침으로서 끝없이 면면히 이어지리라 믿는다. 또한 이 법을 받아 많은 밝은 이들이 나와 요익중생 하기를 발원한다.

"이 어려운 시대의 수행법을 가장 간편하게 제시해 주신 선생님의 은덕을 무엇으로도 다 갚을 수가 없다."

❀소중한 기억을 통해 이끄는 눈부신 미래

원혜영(백성욱연구원 총무, 동국대 강사)

백성욱연구원에서 시대의 요구를 읽는다

나는 백성욱 박사를 만난 적도 없고 그에 대해 아는 것이 없다. 그럼에도 불구하고 교수불자연합회를 통해 만난 원로교수님들의 요청에 따라 '백성욱연구원'이라는 새롭고도 오래된 시도를 함께하게 되었다.

이유는 여러 가지이지만 압축해보면 하나로 정리된다. 초기불교 경장을 전공해오면서부터 느꼈던 나만의 느낌일 수 있다. 한국에서 초기불교를 전공한 나는 원전 및 원천에 대해 먼 나라의 옛 고전이나 인물들에 대해서는 열정을 표시하면서 연구해왔다. 그러나 우리 땅의 불교 선각자들에 대한 정보는 무지하다는 생각을 하게 되었다. 그래서인지 나는 항상 한국불교에 대한 갈증을 갖고 있었다. 짧게나마 동국대학교에서 석사 과정을 밟으며 나를 비롯해 불교 연구를 하는 모든 이들이 동국대에 학문적으로 큰 빚을 지고 있음을 절감한다. 그리고 그 중심에 백성욱 박사가 계셨다는 것을 알게 되면서 백성욱 박사의 삶과 사상을 연구하는 것이 중요하다는 것을 알았다. 한국 현대불교의 역사와 발전해야 할 방향, 재가 지식인들이 한국 불교에서 해야 할 역할 등등 한국 불교 전통의 새로운 국면을 맞이하는 일의 핵심은 근대 불교전통의 연장선상에 있다. 원로교수님들은 여기에 더해 내가 한국인이므로 한국 불교 및 철학에 대한 관심을 가져야한다는 책임감 혹은 의무감 같은 것이 필요하다고 의견을 주셨다. '가라사대 철학'이 아니라 한국 불교철학에 대한 나만의 의견과 철학이 내재 된 연구가 요구되는 시점이다. 이것은 나만의 문제가 아니라 나와 같은 동년배 연구자들 모두가 함께 고민해야 할 시대의 요구이다. 관심을 밖으로만 두고 밖에서만 진리를 찾을 게 아니라 다시 안으로 관심을, 우리나라 근현대 선각자들에게 주의를 돌려보는 기회가 필요함을 우리 모두 알고 있지만 여러 가지 제약 때문에 실행하지 못하고 있는 것 같다.

백성욱 박사의 제자분들을 만날 수 있었던 나는 운이 아주 좋은 경우이다. 백성욱 박사는 한국 불교 근현대사의 큰 버팀목이셨던 분으로 불교교육의 방향성과 서구문명을 생소하지 않게 접목한 분으로 보인다. 그의 제자들도 그러한 경향성을 가지고 있어서, 어렴풋이 만나지 못한 분을 상상할 수 있다. 백성욱 박사와 함께 대화하고 친분을 나누셨던 분들이 생전에 그(백성욱)를 접했던 경험담을 이야기하는 자체가 나에게는 훌륭한 연구자료이다. 백성욱연구원은 그런 생생한 자료들이 넘쳐 흐르는 보물창고 같다. 그가 학문적으로 연구한 후속의 논문이나 저서들보다 생생하게 나를 사로잡은 것은 나의 바로 위 세대가 기억하는 백성욱 박사의 말과 행동이다. 백성욱 박사를 비롯한 근현대 한국 불교사의 인물들과의 오고가는 이야기 속에 진실이 숨어있다는 생각이 든다.

직감적으로 느꼈던 사고와 경험들에서 나오는 소소한 이야기에서 인물들의 사상이 집약되었을 거라는 느낌이다. 직접 대화로 받은 가르침과 책으로만 받은 가르침에는 차이가 있다. 근현대의 인물들은 대외적으로 표방한 글이나 선언문들을 통해 알려지는데, 나는 그것보다 마음속 진실을 제자나 지인에게 이야기했을 때 그들의 진면목을 알 수 있다고 생각된다. 나는 그런 구전으로 전해진 이야기에 흥미로움을 느껴왔다. 아마 내 전공이 구전 전승을 위주로 한 초기 불교 경장이기 때문인지도 모른다. 구전의 영향력, 진실이 가진 위력 혹은 영향력은 세상에 더 넓게 퍼지기 때문이다.

불교계 최대 화두 '세대교체'는 어떻게 이루어지는가

한국불교가 한국민족 사상에 큰 몫을 차지하고 있다는 사실은 누구나 주지하는 사실이다. 근현대의 격동적인 정치 사회적 경향 속에서 어떠한 인물들이 어떠한 방향으로 한국불교 사상의 틀을 잡아놓았는가를 살펴보는 것은 그래서 중요하다. 백성욱 박사 같은 인물을 연구하는 것이 꼭 필요한 이유이기도 하다. 백성욱 박사의 일생을 살펴보고 원로 교수님들의 기억을 바탕으로 한 증언들을 들으면서 그 탁월함과 뛰어남에 저절로 존경스러운 마음이 생겼다. 한편으로 백성욱 박사 같은 분이 다른 방향으로 뜻을 펼치셨다면 한국 불교의 오늘날 모습은 어떠했을까 상상해보는 것도 흥미진진하다. 백성욱 박사 같은 분의 생각과 사상, 그리고 행했던 업적들이 현시대의 한국 불교 자체이기도 하다는 생각이다. 근현대 한국 불교의 선두주자였던 백성욱 박사에게 나는 제 3세대로서 묻고 싶은 것이 많다. 하지만 현시대의 상황을 통해 역 추적하는 작업이 될 수밖에 없어서 아쉬울 뿐이다. 그분의 제자인 제 2세대에게 백성욱 박사에 관해 묻고 알아가는 과정이 제 3세대인 우리가 풀어야 할 숙제이기도 하다. 제 2세대 역시 한국불교철학을 성장시킨 주역이기에 그들(제 1세대, 제 2세대)의 역할이 주목된다. 우리는 할아버지 세대, 아버지 세대만큼 한국사회를 비약적으로 발전시킬 능력이 부족한 것 같다. 그들이 이룬 성장속도를 따라가기 힘들다.

그러나 근현대 한국철학 및 불교도들을 대상으로 시대가 요구하는 화두가 무엇인지 물음을 던져보고 싶다. '왜 지금의 현재 한국불교가 오늘날 이러한 모습으로 다가왔는가?', '왜 승가와 재가 공동체의 모습은 일본, 대만, 중국과는 다른가?', '왜 근현대의 한국불교의 큰 맥락으로 회자되는 인물들의 성향은 그 당시 그러한 모습이었는가?', '앞으로의 한국불교 공동체는 어떠한 모습으로 변해갈 것인가?' 나름대로 진지하다. 오랫동안 평화로운 시기를 누렸던 주변국들의 사상적 동향이 안정적으로 흐르고 있는 모습을 볼 때, '왜 우리는 아직도 불안정하고 동요하는가?' 라고 묻게 된다.

나의 논문들은 항상 공동체의 화합과 평화로움에 모태를 두고 논의되는 것이라, 한국 불교 공동체의 화합과 평화가 내 주된 관심사였다. 근현대 한국 불교의 기틀을 세웠던 인물들이 중요한 것은, 그들이 세워놓은 틀에서 한국 불교를 접하기 때문이다. 세대 계승에 주력하는 이유도 여기에 있다. 긍정적인 면은 적극적으로 수용하고 반성이 되는 지점들을 반면교사로 삼고자 함이다. 제 1세대 한국 불교 철학자들에게 주목하는 것은 그들이 뿌린 씨앗으로 인해 지금의 제 3세대가 불교의 번영 속에서 성장하고 있기 때문이다.

과거의 기억으로 미래를 이끈다

나의 주변 원로학자들은 한국 불교계의 유명한 큰 스님들, 백성욱, 김법린, 일엽스님과 같은 지식층 등을 접했던 분들이다. 그들이 생전에 접했던 인물들의 이야기에서 나는 학문적인 경향성보다 그들의 일상적이고 대화형식의 경험담을 들을 수 있다. 백성욱연구원은 백성욱 박사를 경험하고 알았던 후세대들의 결집이다. 내가 한국 불교 철학에 호기심을 일으키도록 만든 원로교수님들로 구성되었다. 신비스러운 경험담들이 풍부한 탄허, 백성욱 등등의 인물을 접한 원로선생님들에서 들은 소소한 이야기들은 나로 하여금 '강호의 고수는 숨어있지만은 않았었구나!'라는 생각이 들게 한다.

백성욱 선생님은 동국대와 거의 이미지를 함께한 인물이다. 동국대는 여러 학과가 있지만 불교를 빼놓고 말할 수 없다. 그러나 잠시 쉼표를 넣고 싶다. 긍정적이고 부정적인 면이 동시에 공존한다는 것도 냉철하게 말하고 싶다. 그러나 쉼표 뒤에 마침표를 만나게 되는데, 그 최선에 백성욱 선생님이 있었다. 백성욱 총장이 동국대를 중흥의 반열에 올려놓은 인물이라는 사실이 불교계에서는 핵심적인 일로 보인다. 정치적 사회적 시류 속에서 온도감을 갖고 있다는 사실도 인지된다. 사회가 안정되고 한반도 정세가 정착된다면 이런 냉탕과 온탕을 오고가는 혼동 속에서 벗어나리라고 본다. 대만이나 일본에서 느낄 수 있는 불교의 풍요로움을 우리도 곧 맛보리라 생각하면서 그 토대를 다져놓은 분들에게 새삼스럽게 감사함을 느낀다.

나는 백성욱 선생님을 직접 뵌 적이 없지만 그 분과 함께 격랑의 시대를 보냈던 원로 교수님들, 즉 백성욱 박사의 제자들에게 그분의 이야기를 많이 들은 까닭인지 한참을 알고 지낸 선생님 같은 기분이다. 꼭 나의 증조부나 조부의 살아생전의 일화들을 아버지나 삼촌에게 듣는 것 같다.

'금강경', '미륵존여래불', '독립운동', '지식인', '엘리트' 그리고 '로

맨스' 등등의 키워드로 나는 백성욱 선생님을 그려본다. 교육철학에 있어 그는 탁월하다. 백성욱 총장은 미래의 가치를 파악하고 차세대들이 지향하는 높은 고양된 정신들에 대한 기반을 잡아 놓았다. 앞에 닥친 미래가 아니라 제 3세대를 넘어서는 이상적인 미래를 향한 전망에 선도적 역할을 하며 현재의 우리가 누릴 수 있는 선택의 폭을 넓게 했다. 개방적이고 미래의 에너지를 이미 예견한 그의 사상에 경이로울 뿐이다. 눈앞의 가시적인 성과보다 교육이 가지고 있는 먼 미래를 위해 토대를 쌓아놓았다. 이것은 동과 서, 남과 북의 이념적인 문제를 넘어선 것이다. 그의 선택이 미래지향적이었음을 현재의 우리가 인정하고 있다. 백성욱 박사가 모든 학문에 있어 다양성을 인정하고 불교와 과학을 하나로 연결한 것은 그 시대에 선택하기 어려운 결정들이다. 그 지점이 신비스럽기까지 하다. 서구문명에서 일찍이 교육받은 경험이라고 생각되기도 하지만 내면 속에 잠재된 미래지향성도 있었을 것으로 추측된다.

특히 '부처님께 바치라'는 시스템에 상당히 편하고 명쾌한 느낌을 받았다. 물론 공경스럽게 바치라는 의미가 있지만, 현대를 살아가면서 짓누르는 많은 일로 어깨가 무거울 때, 백성욱 선생님의 '금강경 독송'이라는 방법론은 그 시대 고뇌하는 지식층과 대중들의 마음에 쌓여있는 부담감을 덜어내 주는 방법일 뿐만 아니라, 현대의 우리에게도 매우 유익하다고 생각한다. 초기불교 경장처럼 쉬운 말로 우리에게 공감을 일으키게 하고 어디로 향해야 할지 알 수 없는 마음을 제어하게 한다.

나는 불교를 모르는 사람에게도 금강경의 이러한 시스템을 권한다. "몸은 활발하게 움직여도 마음은 '멍!' 때리고 있어야 한다", "많이 생각하다가 악수惡手를 두게 된다" 그분의 말들을 조금씩 내 식으로 바꿔서 이해해보기도 한다.

백성욱 선생님의 제자 분들을 섭할 때마다 나는 "인因과 연緣의 세계가 풍성스러운 열매를 맺었다"라고 생각한다. 그리고 나의 스승들을 생각하며 "나도 그분들을 인으로 하여 내가 연이 되어 후대에 풍성스러운 열매를 맺게 할 수 있을까"라고 자문해 본다. 지혜와 노련함을 갖춘 원로 교수님들의 식견을 옆에서 들으며 성숙해가는 미래의 한국불교를 조심스럽게 예견해본다. 우리는 곧 한국불교전통의 새로운 국면을 맞이하게 될 것이다.

백성욱 선생님이 생전에 불교와 과학의 연결에 중점을 둔 것은, 오늘날에도 시의적절한 문제의식을 갖게 한다. 불교를 종교 신앙 차원에 머물게 하지 않았다는데 커다란 의의가 있다고 본다. 4차 산업사회가 올 것과 불교가 어떤 모습으로 새 시대를 열어갈지를 백성욱 박사는 눈앞에 놓고 보듯 예언도 많이 하셨다. 지금 와서 보면 모두 맞는 말이기에 놀랍다. 선각자란 어떤 사람인가를 실감하게 하는 일화들이 많다. 이런 백성욱 박사를 근 현대 인물로 새롭게 부각시키는 작업은 온전히 후대의 몫일 것이다. 내가 존경하는 원로 교수님들과 어르신들이 이 작업에 집중하고 계신다. 나는 어떤 도움이 될 수 있을 것인가를 새해에 더욱 고민하게 되는 이유다.

　　백성욱 박사를 잘 모르고 만난 적도 없는 나이지만, 그렇기에 더욱 현대인들의 관점에서 그분의 가르침을 풀어내고 현대 불교가 나아갈 바를 제시하는데 미력하나마 힘을 보탤 수 있기를 바랄 뿐이다.

　　존경하는 선지식을 만난 희열, 한국사회 속에서 불교가 갖는 자랑스러움과 부끄러움, 냉엄하고 차가운 시선들 모두를 백성욱 박사를 기억하는 원로 교수님들과 어르신들을 통해 다시금 만날 수 있다. 인간은 추억으로 만들어진다는 말처럼 백성욱연구원의 원로 교수님들은 그 기억들을 되살려 자신을 성찰하고 더 나은 미래를 만들어가는 밑거름으로 쓰고자 정성을 다하고 계시다. 소중한 기억이야말로 인간이 가질 수 있는 최고의 선물이자 미래 세대에게 물려줄 보물이기 때문일 것이다. 이제는 나도 함께 걸어갈 것을 다시 다짐해 본다. 그 기억의 강을 넘어 가장 밝게 빛나는 한국 불교의 미래로 걸어간다.

"소중한 기억이야말로 인간이 가질 수 있는 최고의 선물이자

미래 세대에게 물려줄 보물이기 때문일 것이다."

❀방생하는 마음

최용춘(상지대 명예교수, 전 한국교수불자연합회 회장)

방생으로 불성을 밝히다

퇴임을 앞둔 요즈음 회한이 많다. 지난날들이 온통 아쉬움뿐이다. 특히 가족에게 미안함이 태산이다. 결혼하고 아들 딸이 태어나고 큰 기쁨도 잠시, 아침 일찍 출근하면 밤늦게 귀가해 주말인지, 방학인지 분별없이 밖으로만 분주했다는 후회가 든다. <금강경>을 보면 인생살이가 꿈이고 환상이며 물거품이고 이슬과 같다고 하였는데 나는 무엇을 얻기 위해 그리도 정신없이 살았을까?

지금 이 순간에도 난감이다. 뜬 구름 인생이 허공에서 스스로 바쁘더라는 말이 가슴에 시리다. 동국대학교 전 총장이신 백성욱 도인의 가르침이 요즘들어 더욱 마음에 와닿는 이유도 여기에 있다. 금강경 독송과 미륵존여래불 염송을 통해 자기 한 마음 닦아 밝아지는 것을 최고의 공부이자 현실에 발을 굳건히 디디고 열심히 한 세상을 잘 살아가는 방법임을 가르치신 그 깊은 뜻을 조금이나마 헤아리게 된다. 밖으로만 분주할 것이 아니라 내 안을 잘 돌봤어야 했다는 깨달음은 왜 뒤늦게 오는 것일까.

나는 한평생을 불자로 살았지만 백성욱 도인이 가르치신 것처럼 열심히 수행생활을 해 오진 못했다. 그저 손에 꼽을 수 있는 한 가지 잘한 일은 언젠가부터 '방생'을 화두로 삼아 내 안의 불성을 그 꺼져가는 불씨나마 조금씩 살려 왔다는 것일 게다. 부처님이 〈화엄경〉에서 "내가 널리 일체중생을 살펴보니 모두가 여래와 똑같은 지혜와 덕상을 갖추고 있더라" 하신것처럼 방생은 모든 생명체가 그 자체로 소중하고 생명체로서 사람과 똑같은 불성을 가지고 있다는 깨달음을 행동으로 실천하는 행위다.

백성욱 도인께서 생전에 자신을 찾는 사람은 그 신분고하나 남녀노소를 막론하고 누구나 만나주시며 그 사람에 맞는 가르침을 주신것과 같은 이치가 아닌가 생각한다. 아무리 하찮아 보이는 사람도 불성을 가지고 있으므로 평등하게 대하며 그 불씨를 살려주고자 온 정성을 다하는 삶을 사셨기에 오늘날에도 백성욱 도인을 기억하는 제자들과 지인들이 모여 백성욱 연구원을 만들어 그 가르침을 기록하고 현대인들이 접하기 쉽게 발전시켜 나가고 있다. 나 또한 그 일이 가치 있다고 여겨 한마음 한뜻으로 힘을 보태고 있다. 내가 꾸준히 해온 방생을 백성욱연구원 회원들과 함께 하는 기분으로 우리 모두가 가진 불성, 그 주인공이자 모든 생명체의 근원을 백성욱 도인의 가르침을 통해 되살리는 경험을 함께 나누고 싶은 마음이다.

추어탕을 포기한 이유

방생하는 마음을 되살리려 오래전 기억을 하나 꺼내보려 한다. 언젠가 가을연휴에 설악산 봉정암鳳頂庵 참배를 다녀왔다. 하루 코스로는 어려워 황금연휴를 참배에 투자하였다. 봉정암에서 오세암五歲庵으로 하산하는 길에 큰몸에 등짐이 버거워 보이는 비구니 스님과 동행이 되었다.

스님 배낭을 받아 앞에 메고 내것은 등에 지고 앞에 멘 짐이 내리막에 크게 불편하였으나 기도하고 나오는 길이라 견딜 수 있었다. 대화중에 원주에 훌륭하신 은사 스님이 계신다고 하면서 꼭 찾아뵈라고 권유하는 것이다. 평소, 시간나는대로 주위 사찰에 참배가던 터라 흔쾌히 답하고 수일이 지나 방문하니 주지스님께서 반가이 맞아 주신다. 차담중에 주지스님은 우리부부에게 방생을 권유하신다. 나는 물었다.

"왜 방생해야 합니까?"

"제 혼자의 힘으로 살 수 없는 생물을 살려주는데 의미가 있습니다."

"무엇을 방생할까요?"

"가장 편하고 쉬운 것으로 하세요."

"언제 합니까?"

"특별히 정하지 않아도 그냥 하고 싶은 날 편한 시간에 하세요."

그 날 오고간 이 스님의 말씀을 내내 큰 화두로 마음속에 담아 두었다. 그리고 보니 어릴적 할머니 따라가 물가에서 거북이를 물에 놓아주던 할머니의 모습도 생각났다. 하긴 내게도 아주묘한 인연의 방생사연이 있다. 결혼하기 전 상견례를 마치고 처가댁에 처음 초대되어 가는 날 이었다. 내가 집에 도착하니 웬 거북이 한 마리가 대문 앞에 있었다. 새로운 가족모임이라 서먹함도 어색함도 긴장감이 있었을 터인대, 오로지 거북손님에 대한 화제로 모두들 바로 친밀해졌다. 온통 아스팔트, 높은 벽돌 담벼락에, 쇠대문에 사방 휘둘러 보아도 거북이가 살만한 곳이 없는 서울 도심에 무슨 사연으로 어디에서 거북이가 대문 앞까지 오셨는지, 그 때나 지금이나 불가사의다. 참으로 묘한 일이었다. 때문에 나는 처가댁에서 귀한 손님이래서 귀빈貴賓이고, 거북이 모셔온 손님이래서 귀빈龜賓이 되었다. 그리고 바로 이 거북이를 처가댁에서 방생해 주었다. 이러한 인연으로 방생이 그리 생소한 단어는 아니었다.

마침 사찰입구에 연꽃이 피는 연못이 있어 거북이 방생은 좀 그러하고 미꾸라지 방생을 떠 올렸다. 장소까지 정해졌으니 부처님 참배도 하고, 방생도 하고 실천할 일 만 남았다. 그런데 큰 문제가 발생했다. 추어탕은 내가 즐겨찾는 기호음식이고, 남원추어탕이 별미라고하지만 원주

추어탕 또한 별미중 별미라 잠시 혼돈이 왔다. 어린시절 방학이면 할아버지 댁에 가는데 거기에도 추어탕 추억이 있었다. 타성은 별로 없고 경주 최씨 일가가 집성촌을 이루고 사는데 동갑내기 아저씨, 육촌, 사촌형님이 많이 계셨다. 특히 여름방학 큰 비가 내린 다음날이면 의례집안 아저씨, 형님들과 미꾸라지 천렵에 나섰다. 나는 그중에 막내라 고기담을 깡통관리인이 되어 들고 쫄래쫄래 따라다니기만 하면 되는 특권이 있었다. 깡통이 가득차면 할머니댁 너른 뒷마당은 동네 잔치마당이 되어 떠들썩하니 그 추억이 아직도 생생한데, 수제비, 갖은 야채 듬뿍 할머니표 추어탕 맛은 또 다른 별미 중 별미라 왜 하필 추어탕 원료인 미꾸라지방생이냐?

살신성인殺身成仁도 하는데 추어탕 쯤이야 버릴 수 있지. 이렇게 맘먹고 심호흡을 크게 한번 하였다. 그동안 교직에 있으면서 학생을 지도하고 취업시켜 내 보낸 많은 인간 방생을 한다는 오만한 생각이 없지 않아 있었다. 이리저리 고심 중에 스님 말씀이 진심으로 깨우쳐졌고, 아내와 함께 방생 실행을 결심했다. 결혼하고 추어탕을 처음 먹어봤다는 아내도 쉽게 결정해 주었다. 우리가족이 넷이니 네 봉지로 나누어 들고 가족생일에 방생하는 날로 정하고 잊지 않으니 어느새 연중행사가 되었고 물론 그날 이후 그렇게도 추억 어린 추어탕은 자연스레 금기식품이 되었다. 더욱 아이들도 추어탕을 찾지 않고 먹지도 않는다. 우리 집안에서는 누구든 생일날이 생명을 살려주는 방생날이다. 때로 동료들과 추탕집에 들르는 경우가 있어도 다른 음식을 주문하고 지금까지 10년 이상 추어탕 안

먹고 잘 버티고 있다. 날이 지나면서 방생 횟수도 늘었다. 가족생일, 부처님오신날, 백중, 추석, 때로 기분좋은 경사스러운 날, 꼭 기도하고 싶은 우울한 날 등등 때마다 방생은 어지러운 마음을 정화시켜 주었고, 큰 위로가 되었다. 그 해 연말에는 아내와 함께 참회게를 외우면서 삼천배 철야정진도 하였다.

작은 정성이 모여 세상을 밝힌다

불자로서 온 가족의 무병장수, 소원성취기도에 방생 미꾸라지 인도환생까지 추가로 부처님을 성가시게 한다. 2014년 한국교수불자연합회회원님들과 인도, 네팔 성지순례 중에 갠지스강 선상에서 방생하는 기쁨도 있었다. 그때 나는 강건너 백사장에 고운 모래, 금강경에 나오는 항하사 한줌을 몰래 모셔왔다. 지금도 그 날 그 추억을 반추하며 신심을 키우곤 한다. 그 연못에 최교수가 방생한 미꾸라지가 수십 톤은 될 것이라 하시면서 주지스님도 늘 격려해 주신다. 미꾸라지 수명이 8년에서 10년이라 하니 처음 방생했던 미꾸라지들은 아마도 죽어서 부처님 가피에 힘입어 좋은 곳으로 환생했으리라 조심스럽게 상상해 본다. 약사경에 49회 방생하면 소원을 이룬다고 하였는데, 나는 아직도 미완으로 방황하고 있으니 그간 방생한 추어보다 내가 맛나게 먹은 추어가 훨씬 더 많은 모양이다.

방생을 왜 하게 되었는지 이야기하다 추어탕 입맛만 다시게 된 것 같다. 우연한 기회로 시작된 일이 하나의 서원이 되어 오늘날 퇴임을 앞둔 내 쓸쓸한 마음에 한줌 위로가 되고 있음을 말하고 싶었다. 그런 작은 습관 하나가 반복되어 오늘날 백성욱연구원의 도반들을 만나게 된 불성의 씨앗이 되었는지도 모를 일이다.

백성욱 도인을 알아갈수록 내 삶을 돌아보고 방생하는 마음을 가다듬게 된다. 소중한 기억들이 모여 도인의 참모습이 세상에 드러나는 여정이 경이롭게 느껴진다. 마치 내가 방생한 미꾸라지들이 세상 곳곳을 누비며 헤엄치는 장관을 보듯 백성욱연구원의 작은 정성과 마음이 모여 후대 사람들의 불성을 밝히는데 기여할 것임을 믿어 의심치 않는 바이다.

"소중한 기억들이 모여 도인의 참모습이

세상에 드러나는 여정이 경이롭게 느껴진다."

❈ 내 마음이 부처요, 내 집이 법당이다

헬렌 S. 정(작가)

세상에서 가장 매력적인 남자, 진짜 남자

"이와 같이 나는 들었다, 한때 부처님이 사위국 기수급고독원에 큰 비구 천이백오십인과 함께 계셨다. 마침 밥 먹을 때가 되어 부처님은 가사를 입으시고 발우를 가지고 사위성으로 가시어 한 집씩 차례로 걸식을 하셨다. 정사로 돌아오시어 밥 먹기를 마치신 뒤 가사와 발우를 거두시고 발을 씻으신 다음 자리를 깔고 앉으셨다."

백 박사님께서 평생토록 독경을 권하시고 강의해 주셨던 금강경의 처음 시작은 이렇게 사소하고 대수롭지 않은 부처님의 하루 일과를 보여준다. 그런데 여기에 부처님이 몸소 일생을 통해 보여주신 아주 중요한 가르침이 있지 않나 싶다. 바로 사람은 "어떻게 할까?"하고 궁리하며 사는 게 아니라 자신이 정한대로 자신이 바라는 대로 살아야한다는 진리다.

귀족계급의 왕자로 태어났음에도 깨달음을 이룬 후 부처님은 매일 스스로 밥을 빌어먹고 살겠다고 정하셨고 그대로 실행에 옮기셨다. 제자들에게 먹을 것을 구해오라고 시키셨을 수도 있었을 테고, 왕족 신분이던 부처님이 구걸로 연명해야할 이유는 없어 보인다. 하지만 부처님은 그것이 옳다 여기시고 누구의 눈치도 보지 않으며 스스로 정한대로 삶을 사셨다.

백 박사님의 인생도 마찬가지가 아니었나 싶다. 생전에 즐겨하시던 "남자는 사막에도 기와집을 지을 수 있어야 한다"는 말씀을 현실로 이뤄내는 삶을 사셨다. 이렇게 하겠다고 마음먹으면 끝까지 해내는 삶이 바로 부처님의 삶이자 백 박사님의 삶이셨다.

부처님도 그 옛날 어떻게 그런 생각을 하시고 찬란한 불법을 펼치셨을까 경이로울 때가 많은데 백 박사님 또한 그 어려운 시절에 어떻게 그 많은 일들을 해내시고 평생을 한결같이 본인께서 정한대로 사셨을까 궁금할 때가 많다. 어떻게 할까 고민하는 것이 아니라 어떻게 되겠다고 미리 정하는 삶. 무의식대로, 그야말로 정해진 운명대로 사는 것이 아니라 미래는 내가 정한대로 된다는 것, 방관자가 아닌 창조자로서, 사람으로 태어나 마음먹은 것은 못해낼 일이 없다는 것을 몸소 보여주신 도인이 바로 백 박사님이셨다는 생각이다.

작가로서 백 박사님의 제자분들과 지인분들을 만나 뵙고 인터뷰하며 《금강경 독송과 마음바치는 법》의 집필을 도운 작업은 백 박사님이라는 우주와도 같은 광대한 퍼즐을 맞추는 일인 동시에 세상에서 가장 매력적인 남자이자 지치지 않는 수행자이며 그 자체로 부처님이셨던 분의 모습을 부족한 글로나마 남겨놓는 일이 되었다. 어릴 적 부모님 손에 이끌려 백 박사님 댁에 방문한 적도 여러 번이었다고 하는데 너무 어린 시절이라 그런지 기억나는 장면은 없다. 덕분에 어쩌면 더 순수한 관점으로 편견 없이 백 박사님의 발자취와 가르침을 살펴볼 수 있었는지도 모른다.

체루비읍 : 환희심이 나는 이유

백 박사님께 직접적으로 또는 간접적으로 가르침을 받은 모든 분들이 공통적으로 말씀하신 것이 있다. 바로 백 박사님을 떠올릴 때 마음 속 깊이 연꽃처럼 환희심이 피어난다는 체험이다. 백 박사님께서 제자분들에게 몸소 보여주시고 가르쳐주신 모든 것은 불교인으로서의 마음가짐과 수행법인 동시에 불교라는 종교를 넘어선 무엇이었다. 한 인간으로, 한 남자로서 저렇게 살 수도 있구나, 나도 저렇게 돼야겠다는 마음으로 가득 차오르는 환희심의 경험이 아니었나 싶다.

"놀라운 일입니다, 세존이시여, 위대하십니다, 세존이시여, 마치 넘어진 사람을 일으켜 주듯이, 덮인 것을 벗겨 주듯이, 길 잃은 이에게 길을 가르쳐 주듯이, 어둠 속에 등불을 들고 와서 눈 있는 자는 빛을 보리라하여 어둠 속에서 등불을 비춰 주듯이 세존께서는 온갖 방편으로 진리를 밝혀 주셨습니다. 저는 이제 세존께 귀의합니다. 그리고 그 가르침과 승가에 귀의합니다. 원컨대 오늘부터 시사히여 목숨을 마칠 때까지 세존께 귀의하는 불자로서 저를 받아주시옵소서."

불교 성전 중에서 가장 오래된 작품이라 일컫는 《숫다니파타》를 보면 이런 구절이 나온다. 밭을 가는 바라문인 바라드바자가 부처님 곁에서 출가하여 완전한 계를 받을 때 환희심에 벅차올라 세운 서원이라고 한다. 부지런히 정진한 끝에 바라드바자는 그가 세운 원대로 깨달았고 성자가 되었다.

살면서 어떤 인연으로든 부처님의 가르침을 만나 불교 신자가 되고자 마음먹을 때 삼보에 귀의할 것을 다짐하는 것이 바로 여기서 나온 것일 게다. 세상에서 가장 밝은 자리인 부처님께 귀의하는 것이 불, 그 가르침을 따르겠다는 것이 법, 마지막으로 승단에 귀의하겠다는 승, 이렇게 불법승 삼보를 온 마음을 다해 받들겠다는 맹세인 것이다.

백 박사님을 처음 뵙던 날 이와 같은 경험을 했다는 제자분도 계셨다. 무작정 삼배를 올리며 가슴 속 깊이 뜨거운 회한의 눈물이 솟아나는 것을 느끼셨단다. 선생님의 두 손을 붙들고 통곡을 하고 싶은 충동을 가까스로 억눌러야 했는데 이제는 그것을 하고 싶은 마음이 든다고 하셨다. 슬퍼서 우는 것이 아니라 너무 기쁘고 감사한 마음에 참을 수 없이 흐르는 '체루비읍'.

금강경 제14분 이상적멸분에서 수보리 존자가 부처님 설법을 듣고 '심해의취 체루비읍'하는 장면에서 흐른 눈물은 별처럼 반짝이는 눈물이었을 것이다.

"어떻게 이런 가르침을 주시는 분이 이 세상에 계셔서 내가 그 가르침을 받는 복을 누릴까?"

수보리 존자가 계속 감동해 마지않으며 제 평생 이런 가르침은 처음이라고 되뇌는 심정을 그 제자분은 알 것 같다고 하셨다. 불교 공부가 어렵고 힘들다며 포기하는 사람들이 많은데 백 선생님의 가르침이야말로 '심해의취 체루비읍'의 경험이며 세상에서 제일 밝고 높지만 누구나 마음만 먹으면 할 수 있는 생활 속 실천 불교임을 이야기하셨다.

금강경 독송과 원세우기 그리고 바치기의 현대적 이해

백 박사님의 생활 속 수행법은 크게 세 가지로 요약된다. 하루의 시작과 끝에 금강경을 독송할 것, 각자가 소원하는 바를 부처님 중 가장 밝으신 부처님인 미륵존여래불 전에 원 세울 것, 마지막으로 떠오르는 모든 생각을 미륵존여래불께 바치는 것이다. 얼핏 듣기에도 너무 간단하고 별것 아닌 방법으로 생각될 수 있는데 여기에는 놀라운 과학적 원리가 숨어 있다는 생각이다. 더 나아가 현대인들에게 꼭 필요한 정신건강 지킴이이자 그 어떤 자기계발서나 강의보다 핵심적이고 효과적인 인생 성공원리가 들어있기에 각자가 소원을 이루며 행복한 삶을 사는데 그 어떤 종교나 철학보다 더 도움이 된다는 것을 이 책《금강경 독송과 마음 바치는 법》을 집필하며 필자 또한 깨닫게 되었다.

처음에 가장 놀라웠던 사실은 백 박사님과 인연되어 가르침을 받은 분들이 모두 그야말로 부처님의 가피가 함께하는, 각자의 소원이 이루어지는 삶을 잘 살아오셨다는 점이다. 어떻게 그렇게 한분도 빠짐없이 훌륭한 성취를 이루셨는지 신기할 정도로 사회 각 분야에서 두각을 드러내며 가정 내에서도 복 많은 삶을 살고 계셨다. 이제는 대부분 연세 지긋한 노인이 되셨지만 그렇기에 더욱 그분들의 말씀에 신뢰가 갔다. 삶을 살아오며 백 선생님이 가르쳐주신 생활 속 수행을 실천해 온 결과가 그분들의 인생에 고스란히 녹아 찬란한 빛을 발하고 있음을 가슴으로 느낄 수 있었다. 그래서 더욱 백 선생님의 가르침에는 어떤 비결이 숨어 있는지 연구하게 되었고 어느 정도 결실을 보게 되었다. 백 선생님의 일생과 사상 그리고 수행법에 대한 연구는 이제 시작일 뿐이지만 시작이 반이라는 말처럼 문제 해결의 실마리가 약간은 풀린 듯한 느낌이 들어 이 글에서 간략하게나마 그동안의 연구를 정리해 볼까 한다.

먼저 백 선생님의 생활 속 수행법이 왜 과학적인 마인드컨트롤 방법이자 인생을 성공으로 이끄는 최고의 자기계발법이 되는가에 대한 해답이다. 이유는 대우주라 볼 수 있는 지구와 소우주인 인간의 본질을 과학적으로 살펴볼 때 쉽게 깨달을 수 있다. 우리 모두는 지구가 하나의 자석과 같은 존재라는 것을 알고 있다. 광대한 자기장이 지구를 둘러싸고 있는데 이 자기장은 지구 내핵에 존재하는 액체 상태인 다량의 철과 니켈이 끊임없이 움직이면서 만들어진다. 그렇다면 소우주인 인간은 어떨까?

인간 또한 자석과 같은 존재라는 것이 현대과학이 밝혀낸 인간의 실체다. 인간의 몸은 원자로 이루어져 있고 이 원자는 사실 속이 텅 빈 공 상태로 존재한다. 우리 몸은 물론 이 세상 만물은 텅 비어 있지만 우리의 감각기관에 의해 꽉 채워진 것으로 인지되는 아이러니를 불교에서는 '색즉시공 공즉시색'이라는 아름답고 간결한 말로 표현한 셈이다. 지구가 자전을 통해 자기장을 생성하듯 인간도 진동과 회전을 통해 미세한 생체 자기장과 전기를 흘려보내 생명을 유지한다. 사람은 걸어 다니는 자기장과 같은 존재인 셈이다. 금강경 독송을 통해 우리 자신을 밝고 충만한 에너지 장과 공명하게끔 셋팅한 다음 각자의 소망을 서원으로 만들어 미륵존여래불전에 원세우라는 수행법의 기본원리는 나의 소망을 이뤄줄 수 있는 자기장 스위치를 올리는 방법이라고도 볼 수 있는 이유다.

당장 처한 현실이 암담할지라도 내가 원하는 것을 상상하면서 그것과 동조된 자기장의 스위치를 올리는 일이 원세우기가 될 수 있다. 자기장의 세기가 높아질수록 기분이 달라지고 우울함과 패배감 등의 저급한 감정에서 벗어나게 된다. 원 세우기, 즉 자기장 펼치기를 통해 원하는 바와 나 자신이 일체감을 가지게 되는데 이는 나의 표면의식과 잠재의식이 동조되는 과정으로 결과적으로 나의 생각과 행동을 일치시키는 행위가 된다.

간절히 바라는 것은 결국 얻게 된다는 만고불변의 진리인데 생활 속에서 실천하기가 쉽지 않다는 게 우리 모두가 가진 문제점이었을 것이다. 백 선생님은 이를 '원세우기'라는 간단한 방법을 통해 현실로 가져오신 셈이다. 또한 모든 서원의 끝에는 나의 소원이 이루어지듯 이 세상 모두 사람들이 소원을 성취하고 무시겁으로 지은 업보업장을 해탈 탈겁할 것을 기원하는 발원으로 끝맺을 것을 가르치셨다. 원을 세우는 사람이 나만 잘되겠다는 욕심으로 어두워지는 것을 미연에 방지하는 동시에 소원이란 결국 사람들 속에서 서로가 서로를 도와주고 끌어줌으로써 이루어진다는 것을 명심하라는 뜻으로 이해된다.

지금의 과학기술로 추측해 볼 수 있는 것 한 가지는 인간의 생각 자체가 에너지라는 이론이다. 마치 자석이 그러하듯 생각 자체가 그 생각에 맞는 주파수의 자기장을 외부로 발산하기 때문에 이 자기장의 흐름이 주변의 에너지 흐름에 영향을 미쳐 그것과 동일시되는 에너지 장을 끌어오거나 밀어낸다는 것이다.

생각이 하나의 진동 주파수이자 파동을 일으키며 그에 따른 자기장을 펼쳐낸다는 것을 이해한다면 지속적이고 강하게 집중된 이미지를 갖는 파동은 미약한 잡념의 잡다한 파동을 압도한다는 것을 알 수 있다. 그렇다면 백 선생님이 가르쳐주신 '원 세우기'는 '자기장 펼치기'의 다른 말이 될 수 있다. 우리가 원하는 목표의 실현을 가속화시키는데 이보다 더 좋은 방법은 없다는 사실이다.

의식의 자기장을 원 세우기라는 방법으로 펼쳐내기 시작하는 그 순간부터 내 인생이 남에 의해 휘둘리는 게 아니라 그야말로 내 뜻대로 살게 된다는 원리다. 실례로 이 방법을 통해 백 선생님의 제자 분 중 한 분은 집값이 떨어져 팔리지 않았던 집을 원하던 좋은 가격에 팔 수 있었다. 현 시세를 따르자면 엄청난 손해를 보고 팔아야할 집이었지만 이분은 매일 아침·저녁으로 금강경을 읽고 원세우기를 반복하며 집이 제값에 팔려 나가기를 기도하셨다고 한다. 걱정으로 가득한 마음을 원세우기로 돌려내고 여느 때처럼 소원이 곧 이루어진다는 믿음을 가졌다고 한다. 그러던 어느 날 미국에서 왔다는 한 부부가 집이 마음에 든다며 사겠다고 나섰고, 당시 시세보다 훨씬 높은 가격으로 집을 팔게 되었다. 집을 내놨던 부동산에서도 기적 같은 일로 회자되었다고 하는데, 일반적인 동네 사람이라면 그 가격에 그 집을 사지 않았을 게 분명했기 때문이다. 원세우기를 통해 원하는 가격에 집을 사줄 사람을 자석처럼 끌어당겨 왔다고 밖에 생각할 수 없는 일이었다. 이외에도 백 선생님의 제자분들 중에는 원세우기를 통해 다양한 성취를 해냈다는 일화가 많아 일일이 다 소개하기가 힘들 정도다.

떠오르는 모든 생각을 미륵존여래불하며 바치는 수행법은 현대 심리학은 물론 후성유전학쪽에서도 가장 각광받고 있는 유전자 스위치 원리를 따른 것이라는 생각이다. 인생이 괴로운 이유는 모든 인간이 세계의 중심이자 세계 그 자체임을 깨닫지 못하고 신문, 광고, 텔레비전, 인터

넷 등등으로부터 쏟아져 나오는 엄청난 정보의 파도에 우리 생활의 매시간 매분 매초를 점령당하기 때문이 아닌지 생각해볼 일이다. 양자물리학에서 한 명의 인간이 이 우주의 축소판과 같다는 이야기를 하는 이유는 실제로 지구상 모든 생명체가 유전자로 이루어져 있으며 그 유전자의 본질은 '정보'이기 때문이다. 우리의 근본을 계속해서 따져 올라가면 결국 단 한 개의 세포^{수정란}가 나올 것이다. 한 개의 수정란이 2개로, 2개가 4개로, 4개가 8개로, 8개가 16개로……. 이런 방식으로 세포가 차례로 분열을 반복해 만들어진 것이 바로 나다. 사람 세포 1개의 핵에 들어 있는 유전자의 기본 정보량은 30억 개의 화학문자로 이루어져 있다고 하니 나는 유전자라는 관점에서 보면 1,000 페이지 짜리 책 1,000 권 쯤으로 이루어진 셈이다. 그렇다면 한 인간에게는 태어날 때부터 우주의 모든 정보가 유전자를 통해 이미 주어져 있다고 생각해 볼 수 있지 않을까?

우리가 해야 할 일은 단순히 그것과 공명하는 것이다. 유전자라는 것은 우리 몸 세포 속에 존재하는 엄청난 정보의 바다, 즉 일종의 거대한 도서관이기 때문에 유전자가 ON 상태가 된다는 것은 세포가 무슨 일이든 시작하려고 할 때 그 도서관에 가서 책을 펴 보고 무엇을, 언제, 어떻게 만들면 좋을 것인가를 알아낸 후에 작업을 하는 과정인 셈이다. 그러므로 무의식적으로 접하게 되는 수많은 정보들, 그에 따라 올라오는 수많은 감정들을 미륵존여래불하며 가장 밝은 부처님께 바치는 연습을 하라는 것은 원치 않는 유전자 스위치는 바로바로 꺼버리라는 과학적 수행법이 될 수 있다. 누구에게나 우주로부터 모든 것이 이미 날 때부터 주어져 있는데 그 무한한 가능성에 스위치를 올리는 것은 결국 우리의 생각이다. 어떤 생각에 물을 주고 가꿔나가야 하는지가 중요한 이유다.

백 선생님이 본 오래된 미래

백 선생님은 이와 같은 마음의 작동원리와 세상의 이치를 깨달은 분이셔서 그런지 미래를 바로 눈앞에 있는 것처럼 내다보신 적이 많았다고 한다. 수많은 신기한 일화들이 전해 내려오는데 그중에서도 한 제자 분께서 인터뷰 중 말씀하신 내용을 소개해볼까 한다. 바로 앞으로의 시대에는 전쟁이 없고 물물교환의 시대라고 하신 법문이다. 그때만 해도 2차 세계대전이 막 끝나고 6.25전쟁 등 우리나라는 물론 세계 곳곳에 전쟁의 포화가 가득했던 시대였다. 그런 때에 앞으로는 전쟁이 없을 것이라 단언하시니 그 제자 분께서는 의아한 생각으로 들었다고 하셨다. 그런데 지금에 와서 돌이켜보니 백 선생님의 말씀이 맞았구나 하는 생각이 드신다고 한다. 오늘날 몇몇 분쟁 지역에서 국지전으로 일어나는 전쟁은 있어도 옛날처럼 큰 전쟁은 일어나지 않고 있다. 앞으로도 전쟁은 옛날처럼 총칼을 들이대고 폭탄을 쏘아대는 방식이 아니라 경제 전쟁으로 눈에 띄지 않게 일어날 가능성이 높다고 세계 유수의 학자들이 전망하고 있다. 실제로 오늘날 대부분의 전쟁은 경제전이지 폭력을 동반한 전쟁이 아니다.

물물교환의 시대가 온다는 말씀도 정확한 예언이었다. 세계 최강대국인 미국의 트럼프 대통령이 내놓는 정책을 보면 답이 나온다. 어떻게 하면 무역 불균형을 해소해 자국의 이익을 높일 것인지만 고민한다. 무역이라는 게 바로 물물교환이 아닌가. 백 선생님은 세계가 마치 하나가 된 듯이 서로 물건을 교환하는 시대가 온다는 것을 그렇게 예언하신 것 같아 생각할 때미다 이떻게 그런 일들을 다 아실 수 있있는시 신기할 때가 많다는 이야기다.

과학자들인 시간이란 사실 인간이 만들어낸 환상이며 과거 현재 미래라는 것이 따로 존재하지 않고 동시에 존재하고 있음을 밝혀냈듯이 깨달은 도인의 눈에는 과거와 현재 그리고 미래가 분별없이 보이는 게 아닌가 가늠할 뿐이다. 백 선생님은 실제로 사람을 만나면 그 사람의 전생부터 현재 그리고 미래를 한눈에 알아보시고 필요할 때마다 전생이나 미래에 대한 조언을 해주셔서 많은 제자들이 도움을 받고 어리석음을 깨우치곤 했다고 한다. 지금 생각해도 놀라운 능력이셨고 사람이 한 마음을 밝혀 경지에 오르면 백 선생님과 같이 되는구나 하는 생각에 더욱 환희심이 차올라 수행정진을 열심히 할 수 있었던 소중한 경험이었다는 것이다.

백 선생님과 손 선생님 : 도인은 도인을 알아본다

백 선생님에 대해 알아갈수록 어떻게 이렇게나 살아계신 부처님 같은 분이 계실까하는 환희심으로 충만해졌는데 그런 백 선생님을 제도하신 스승님이 계셨다고 한다. 바로 혜정 손석재 선생님이다. 손 선생님은 과

연 어떤 분이며 어떻게 중생을 제도하셨을까?

결론부터 말하자면 손 선생님은 백 선생님을 제도하러 세상에 오신 도인이셨다고 볼 수 있다. 선뜻 이해가 안 가는 이야기지만 그분의 살아오신 길과 업적, 그리고 행하신 법문을 복기해보면 고개를 끄덕이며 환희심을 낼 수밖에 없는 사연이 숨어있다. 다만 백 선생님 자신은 손 선생님을 자신의 스승으로 공식 인정하지 않았다. 원효대사가 보덕화상, 대안대사 등 수많은 사람들에게 가르침을 받았어도 특정하게 누구를 스승으로 인정하지 않은 것과 같다고 할까. 그분들에게는 석가모니 부처님만이 유일한 스승일 것이다. 손 선생님과 백 선생님의 만남이 바로 그런 것이 아니었나 싶다.

손 선생님은 금광을 크게 하시다 그것을 팔게 되었는데 그 옛날 돈으로 50만 원이라는 거금이었다고 한다. 그런데 집안에 둔 그 돈이 어느 날 화재로 홀랑 다 타버리고 말았다. 인생무상을 통감 하시면서 마흔이 넘은 어느 날 머리를 깎고 남장을 한 손 선생님은 홀로 수행정진을 거듭해 도통을 하셨다. 그리고는 세상을 내려다보니 성불할 중생이 보여 그를 제도해야겠다고 생각하셨다. 그이가 바로 금강산에서 수행에 몰두하고 있던 백 선생님이었다. 전설따라 삼천리 같은 이야기로 흘려듣기에는 이를 증거하는 기록들이 꽤 남아있다.

하나는 당시 금강산 장안사 주지스님이었던 현의룡 스님의 꿈 이야기다. 인시에 옥황상제가 내려오는 꿈을 꾼 스님이 무슨 일인가 싶어 장안사 문밖을 아침부터 지켰다고 한다. 저녁때쯤 손 선생님이 나타나셔서 현의룡 스님에게 의외의 말씀을 하셨다.

"내가 고기가 먹고 싶구나. 장안사 역에 가서 돼지고기를 사와 숯불에 구워라"

현의룡 스님은 무엇에 홀린 듯 손 선생님이 시키는 대로 했고 손 선생님은 아주 맛있게 그 공양을 받으셨다고 한다. 연세가 지긋한 여자 보살님이 갑자기 나타나서 주지 스님께 숯불고기 대접을 받았다니 상식적으로는 이해가 안 가는 이야기가 아닐 수 없지만 도인은 도인을 알아본다고 한다. 손 선생님이 그만큼 도가 높은 분이라 현의룡 스님이란 도인이 헤아릴 수 없이 도가 높은 도인을 알아보고 공양을 올렸다고 밖에는 해석이 안 되는 일화다. 손 선생님은 필요하면 절간에서 고기를 구워드실만큼 세상살이나 사람들 보는 눈에 연연하지 않는 도인이셨다고 짐작될 뿐이다. 도인의 일거수일투족은 그 자체로 물흐르듯 자연스럽고 이치에 맞아서 세상의 상식으로 재단할 수 없는 깊이와 지혜가 있음을 백 선생님께서 몸소 보여주신 것처럼 당시 현의룡 스님도 그런 마음으로 손 선생님을 대접하고 시봉하시지 않았을까 생각된다.

삼선교 법당에서 백 선생님을 뵙고 가르침을 받고 싶어 하는 분들을 지도했던 장선재 보살이 손 선생님을 모시게 된데도 사연이 있다. 평범한 가정주부로 딸들을 키우며 살던 장선재 보살에게 어느날 청천벽력같은 일이 일어났다. 아들삼아 키워야겠다는 생각으로 공부를 시키던 가장 영민한 딸이 요절을 하고 만 것이다. 만공스님께 가서 첫 번째 49재를 올리고 나서도 딸을 잃은 슬픔을 달랠 수 없었던 장보살은 두 번째 재를 지내고자 금강산을 찾았다. 그때 문을 열어 맞은 사람이 손 선생님이셨는데 장 보살을 보자마자 대뜸 "너 오늘부터 여기서 기도해라. 그렇지 않으면 너 죽는다"고 말씀하셨다. 장 보살은 아무 준비도 없이 왔다가 그날로부터 손 선생님과 함께 공부를 했다고 한다. 장 보살이야말로 손 선생님과 백 선생님 두 분을 가장 가까이서 모셨기 때문에 종종 두 분이 남기신 가르침과 때마다 웅장한 법회가 열리던 금강산의 분위기를 기억하는 몇 안 되는 사람들 중 한 명이다. 장 보살의 막내딸인 전경림 보살도 어머니와 함께 수행하며 그때의 일들을 사진이라도 찍어 놨다가 보듯 구술해 주셨다고 한다. 훗날 김기룡씨가 《미륵부처님 친견기》라는 책을 남겨 백 선생님과 손 선생님께 받은 가르침과 금강산에서의 일화들을 기록해 놓았는데 그 내용이 전경림 보살이 이야기했던 것과 많은 부분 일치한다는 것이다.

백 선생님이 손 선생님을 어떻게 만나 사제지간이 되었는가에 대해서는 백 선생님의 제자 중 한 분으로 바른법연구원을 설립해 백 선생님의 가르침을 널리 알리는데 힘쓰고 계신 김원수 법사님이 남긴 기록을 참고해 볼만하다.

28세에 독일유학을 마치고 철학박사 학위를 받고 돌아왔으나 당시 일제 치하의 상황에서 딱히 할 일이 없었던 백 선생님은 동국대학교의 전신인 혜화전문에서 잠시 학생을 가르치다가 수행을 하여 도를 통하고 싶어 금강산으로 가셨다고 한다. 도를 이뤄 언제 한국이 독립이 되나 알고 싶으셨다는 것이다. 30세에 출가를 한 후 홀로 토굴에서 수행을 하셨는데 지독할 정도의 고행도 마다하지 않으셨던 것 같다. 그러던 중 16살이나 나이가 많은 손 선생님이 백 선생님을 찾아와 그를 제도하겠다고 나타나셨다는 것이다. 놀랍지도 않게 백 선생님은 왠 나이든 여자가 와서 헛소리를 한다고 여겨 무시했다. 손 선생님은 이에 굴하지 않고 여러 번의 시험과 기적이라고 부를 수밖에 없을만한 도통의 경지를 보여줌으로써 백 선생님을 감복시키셨다고 한다.

토굴에서 나오지 않으려는 백 선생님을 지네가 물게 하여 나올 수밖에 없게 만들었다던지, 물을 거꾸로 흐르게 한다든지, 무엇을 물어봐도 반박할 수 없는 법문을 행하신 것 등 수도 없이 많은 신기한 이야기들이 전해오는데 핵심은 이런 것이다. 우리가 부처님의 성불기에서도 알 수 있듯이 깨달음은 결코 수행을 열심히 하는 것만으로 얻을 수 있는 게 아니라는 점이다. 갖은 고행을 다 거치며 뱃가죽과 등가죽이 달라붙을 정도로 뼈만 앙상하게 남으셨던 부처님이 마지막에 얻으신 깨달음은 이런 고행이 다 소용이 없다는 거였다. 그래서 다시 음식을 드시고 몸을 편안하게 한 후 출가하기전 나무 밑에 앉아 음욕과 욕심 없이 선정에 들었을 때 몸과 마음이 청정해지던 것을 기억해내고 그 길이 옳은 것이었다는 생각이 드셨다. 같이 고행을 하던 수행자들은 부처님을 가리켜 '참법을 잃고 삿된 길로 들어선 타락한 수행자'라고 하며 떠나갔지만 부처님은 개의치 않으시고 근처 부드러운 풀밭에 자리 잡은 나무 밑에 앉아 해탈과 삼매를 얻기 위한 명상에 잠기셨다. 그렇게 수행을 하는 동안 마음이 열려 마음의 근원을 돌아보게 되었다. 선정이 깊어지고 마음이 깨끗해져서 모든 번뇌와 두려움이 사라졌을 때 드디어 부처님은 해탈을 얻고 위없는 진리를 깨달아 참된 도를 이루셨다고 한다.

백 선생님과 손 선생님이 사제의 연을 맺으신 것도 이런 관점에서 보면 이해가 된다. 부처님이 그러셨듯이 토굴 속에서 고행을 계속하시던 백 선생님께는 마지막 깨달음의 단계가 남아 있었고 그때 손 선생님이라는 마음이 열린 도인의 가르침이 필요했던 것이 아닐까 싶다. 고대로부터 여성이 신비한 영적 능력을 가진 경우가 많았다는 것은 역사적인 사실이다. 인류의 시작부터 여성이 종교를 관장하며 사제와 신관을 도맡아 해온 것이 서양에는 기독교가 들어서면서, 우리나라 같은 경우엔 조선시대부터 유교가 들어서면서 남성의 영역으로 넘어가게 되었다. 손 선생님이라는 분의 존재와 역할을 어떻게 이해할 것인가는 그 분이 남긴 다음과 같은 법문을 보면 더욱 확실해 진다.

금강산 마하연 폭포에서 열린 장엄한 법회

당시 금강산에는 엄청난 숫자의 암자와 절들이 들어서 있었고 수많은 스님들과 도인, 수련자들로 가득했다. 그 유명한 성철스님도 일제치하의 젊은 날 금강산에서 수행에 몰두했던 시절이 있었다. 오죽이나 절이 많으면 금강산에 팔만구암자가 있다고 여러 시인 묵객들이 한결같이 읊을 정도였다. 백 선생님은 그 중에서도 눈에 띄는 도인으로 스님으로 불리기보다 백 박사라는 별칭으로 불렸다고 한다. 당시 금강산에서 수도 중이였던 석우 대종사와 만해 한용운 스님이 백 선생님보다 나이가 훨씬 많았지만 스스럼없이 어울리며 별이 빛나는 밤, 냇가에 모여 맥주를 마시며 시를 읊었다는 이야기가 《천치도 되지 말고 원숭이도 되지 말라》는 석우 대종사의 일대기를 다룬 책에 자세히 소개되어 있을 정도다. 이 세 분의 만남이 마치 신선들이 노닐 듯 아름답고 환상적이었다고 한다.

금강산에는 마하연이라는 큰 바위 옆에 자리 잡은 엄청난 폭포가 있어 그 장엄함이 이 세상의 풍경이 아닌 듯 보일 정도였다. 미륵사상이 만연하던 때라 고려시대에 조성됐다는 미륵부처님의 조각이 더욱 생생하게 수도자들의 정진을 격려하는 듯 보였다. 마하연 폭포 근처에서 백 선생님과 손 선생님의 법회가 열리곤 했는데 생각만 해도 장엄한 법회였다. 과학적으로도 공기의 비타민이라 불리는 음이온이 숲이나 폭포 근처에서 자연적으로 많이 발생한다고 하는데 사람이 명상을 할 때 풍부해지는 알파파의 활동을 증가시켜 천식과 편두통의 원인인 걱정과 긴장을 완화시켜준다고 한다. 그래서 요즘 나오는 가전제품들 중에 음이온을 발생시킨다는 것들이 많다. 영화나 소설 속에서 구도자들이 폭포 근처에서 수련을 많이 하는 것으로 등장하는 이유도 여기에 있을 것이다. 금강산이라는 구도자들의 성지 중에서도 거의 최고로 꼽히는 울창한 숲속 마하연이라는 환상적인 폭포 근처에서 열린 손 선생님과 백 선생님의 법회 모습은 다음과 같았다.

먼저 회향날이 되면 서울에 계신 손 선생님을 금강산으로 모셔왔다. 장안사 역에 기차가 도착하면 대중들이 중국에서 산에 오를 때 사용하는 들것 같은 것을 가지고 가서 손 선생님을 태워 산에 올랐다. 손 선생님과 백 선생님 모두 가사를 갖춰 입으시고 정식 법회가 시작될 때면 대중들이 모인 가운데 불단 앞에 손 선생님이 스시고 뒤에 백 선생님이 가만히 손 선생님을 기다리고 스셨다. 손 선생님이 좌정을 하시면 백 선생님이 마치 금강경에서 수보리존자가 우슬착지 하시듯 무릎을 땅에 대신 채로 공손히 단장 같은 것을 손 선생님께 올렸다. 손 선생님의 법문이 시작되면 백일기도 회향 의식이 막을 올린다.

"나를 따라해라. 그 마음에다 대고 불성이 무엇인고? 불성이 무엇인고? 불성이 무엇인고?"

대중들이 이를 따라하면 손 선생님께서 다시 해답을 주신다.

"불성이 무엇인고 하니 비우고 비우고 또 비워 무량대법이 꽉 찬 자리니라."

이 말씀에 대중들은 몸에 기운이 꽉 차는 느낌을 받았다.

"무량대법이 꽉 찬 자리, 중생에게 다 나누어 주어도 조금도 줄어들지 않는다. 그 자리가 낮과 같이 밝은 것을 너에게 나누어 주노니 네가 지킬테냐? 네가 지킬테냐? 네가 지킬테냐?"

이렇게 세 번을 연달아 물으시며 대중들도 연달아 세 번을 "예 지키겠습니다"했다. 당시 금강산은 손 선생님과 백 선생님 덕분인지 미륵부처님 사상으로 휩싸여있었다. 백일동안 대중들이 대방광불화엄경을 염송하니 금강산이 쩌렁쩌렁 했고 대중들은 비구니 생활같이 1일 1식을 고수했다. 마하연 폭포의 청명한 기운과 대중들의 무한한 신심이 만나 바로 그 법회자리가 도솔천이 아닌가 싶을 정도였다고 한다.

금강산 수도 후에 적극적으로 정계는 물론 학계에서도 맹활약을 펼치신 백 선생님에 비해 손 선생님은 뒤에서 조용히 백 선생님은 물론 당시 어려웠던 우리나라를 오늘날의 발전된 대한민국으로 만드는데 큰 역할을 한 시대의 지성들을 후원하는 데 온 생애를 바치셨다.

대표적인 예가 바로 대한민국의 국부로 추앙받는 이승만 전 대통령에 대한 전폭적인 지원이었다. 당시 미국 유학을 마치고 혈혈단신으로 조국에 돌아온 이승만의 가능성을 알아본 것이 바로 손 선생님이셨다. 손 선생님은 워낙 유명한 선각자셨기 때문에 그 말을 따르면 부자가 되니까 당시 난다 긴다 하는 사람들이 손 선생님께 의견을 구하고 시주를 많이 했다고 한다. 손 선생님은 지금 이 시기에 대한민국에서 제일 밝은이가 이승만 박사라고 하시며 그이가 외국생활을 오래 해서 한국 물정을 잘 모르니 그이를 잘 도우라고 하셨고 그 말씀에 따라 당시 실업가 권영일 등을 비롯한 30여 명이 십시일반으로 이승만 전 대통령에게 이화장을 사서 주고 물심양면으로 지원한 계기가 되었다. 이승만 대통령하면 이화장이 떠오를 정도로 맨손으로 대한민국 건국을 일궈낸 이승만 박사가 대통령이 된 후에도 가끔 이화장에 들러 정원을 돌보고 산책을 한 것은 유명한 일화다. 대통령 자리에서 물러난 후에도 이승만 박사가 머물렀던 곳이 이화장으로 지금도 이화장에는 이승만 전 대통령의 동상과 함께 그가 사용한 가구와 유품이 전시되어 있다.

손 선생님은 백 선생님이 이승만 전 대통령을 도와 대한민국 건국을 이루고 내무장관을 지내신 후 동국대학교 총장으로 부임하시자 당시 돈으로 엄청난 거금이었던 4,500만 원을 내서 장학재단을 설립하시고 오늘날 동국대 건물 대부분을 건설하는데 도움을 주셨다. 그럼에도 동국대에 모습을 드러내는 것은 잘 하지 않으셨다고 한다. 왜 학교에는 자주 안 오시냐고 여쭈면 "나와 동국대는 관련이 없다. 백 선생님 복짓게 하려고 한 일이다"라고만 말씀하셨다고 한다.

미륵존여래불 : 모두가 미래의 부처님이다

그런데 왜 그냥 미륵부처님이 아니고 미륵존여래불하라고 하셨을까?

"미륵이란 말은 무량 대법이 꽉 찼다는 뜻이니라. 존이란 말은 미륵부처님이 복을 많이 지으셔서 존을 붙여야 된다."

손 선생님은 다른 법문은 안하셨지만 미륵불에 대해서는 이렇게 설명해주셨다고 한다. 또한 장성제 보살에게 "하나의 염원이 만염이다"라고 하시며 소원이 그 사람의 생명이며 모든 것이라고, 그래서 성불할 수 있다고 가르치셨다고 한다

미륵존여래불하면서 떠오르는 모든 생각, 그 분별심을 바치고 세상을 위해, 나를 비롯한 모든 사람들이 행복하고 성불할 것을 원세우며 기도하는 것은 간단해 보이지만 세상을 가장 지혜롭고 행복하게 사는 원리가 다 들어 있는 수행법이라고 생각한다.

사람이 괴로운 것은 9할이 쓸데없는 걱정과 분별심 때문이다. 인간이라는 몸뚱이를 가지고 태어났기 때문에 제한된 경험과 제한된 판단력을 가지고 살아갈 수밖에 없다. 예를 들어 박쥐는 인간이 느끼지 못하는 적외선과 초음파를 인지한다. 반면 인간은 오직 한정된 가시광선 영역 안에서만 볼 수 있고 그 지각을 가지고 판단을 내리는 존재일 뿐이다. 이것은 우리가 현실세계를 제대로 파악할 수 없음을 보여주는 좋은 예 중 하나다. 우리는 한정된 것을 보고 듣고 느끼며 그것이 세상의 전부인 양 생각하며 살아가는데 이 때문에 고통이 생기고 인생이 괴롭다고 여기는 것 같다. 이럴 때 미륵존여래불하며 떠오르는 모든 생각을 바치는 공부를 하면 손 선생님의 법문대로 비우고 또 비워서 무량대법이 꽉찬 자리, 즉 내 안의 불성을 만나게 된다. 심리학에서는 이를 무의식이라 부를 것이고 불교에서는 아뢰야식, 몇몇 영성가들이나 과학자들은 이를 우주심이라고도 부른다. 부처님이 따로 계신 것이 아니라 내 마음속에 있고 우리 모두는 영혼으로서는 하나로 연결된 존재로 영혼의 세계에서는 모르는 것이 없고 못하는 일이 없다는 가르침이다.

한마음선원 원장으로 유명한 대행스님의 법문이 손 선생님의 가르침과 비슷하다는 생각이다. 손 선생님이 훨씬 먼저 나신 분이니 굳이 말하자면 대행스님이 손 선생님과 비슷한 법문을 펼치셨다고 해야 더 맞는 말일 것이다. 손 선생님이 활약하시던 시대에는 여성 구도자 자체도 드물었고 여성이, 그것도 스님이 앞에 나서 활동을 하는 것에 제약이 많았던 시대였다. 시대의 한계라는 말이 그래서 생긴 것일 게다. 대행스님은 운 좋게도 여성이 활동하기 좋은 세상을 만나 그 뜻을 더 크게 펼치신 분이 아닌가 싶다. '인생은 고가 아니다'라고 강조하시며 내 인생의 진짜 주인인 내면의 참 나, 즉 주인공을 만나라는 법문을 펼치셨다. 내가 나라고 생각하는 '나'를 비워내면 그 안에 진짜 주인공이 있어 못하는 것이 없고 모르는 것이 없다는 가르침이다. 물질과 마음이 둘이 아니고 우주 삼천대천세계의 근본이 바로 내 마음과 직결되어 있기 때문에 내 한마음을 밝히면 어떤 경계에도 매이지 않고 원하는 대로 내 뜻대로 사는 대자유인이 된다는 것이다.

손 선생님께서 미륵존여래불하며 바치는 수행을 통해 나라고 여기던 나를 비워내고 무량대법이 꽉찬 자리를 만나라고, 그것이 바로 불성이라고 설하신 법문도 이와 비슷하다. 미륵존여래불은 석가모니 부처님의 수기를 받아 말세에 강림하신다는 부처님이다. 서양에서는 이 개념이 '메시아'로 불린다. 손 선생님과 백 선생님께서 굳이 미륵존여래불을 염송할 것을 가르치신 것은 미륵존여래불이 내 안의 불성을 뜻하는 것이기 때문이 아닐까 생각한다. 메시아가 다른 곳에 있는 게 아니다. 나를 구원할 부처님은 바로 내 안에 계시다. 그래서 미륵존여래불은 미래의 부처님이다. 내가 바로 부처임을 깨닫고 나를 구원할 사람은 바로 나이기에 그 미래의 나에게 미륵존여래불하라는 것이 아닌가 생각한다. 내가 나를 구원할 미래의 부처님임을 깨달은 사람에게는 이세상이 바로 도솔천이요 어떤 어려움이 와도 이를 극복할 수 있고 항상 행복한 마음으로 나보다 남을 더 위하고 세상을 위하며 살아갈 수 있을 것이다.

오히려 손 선생님의 법문이 대행스님보다 더욱 구체적으로 불성을 밝히고 현실 세계에서 수행과 삶이 둘이 아닌 하나로 원하는 바를 모두 성취하고 행복하게 살아가는 방법을 제시했다는 점에서 손 선생님이야 말로 당대에 제대로 된 평가를 받지 못한 도인이었다는 생각이다.

백 선생님이 독일로 간 까닭은

〈달마가 동쪽으로 간 까닭은?〉이란 영화가 우리나라는 물론 해외 유수의 영화제에서도 상을 받는 등 놀랄만한 성과를 거둔 적이 있다. 1980년대 끝자락에 일어났던 일로 당시에 우리나라 영화가 해외에서 큰 상을 받고 주목받는 일이 전무하던 시절이었다. 더구나 이 영화는 배용균이라는 한 신인감독이 만든 불교영화였기에 그 자체로 센세이셔널했다. "달마는 왜 동쪽으로 간 걸까?"하고 궁금해진 관객들에게 영화는 그저 담담하게 그 제목 자체가 하나의 화두였음을 보여준다. 한 절에서 일어나는 노스님과 두 제자의 이야기를 통해 관객들은 삶과 죽음 그리고 인간의 성장에 대해 생각하게 된다. 달마가 왜 동쪽으로 갔는지에 대한 해답은 영화를 보고 난 사람의 마음에 따라 다르게 나타나는 화두로 남는다.

《금강경 독송과 마음바치는 법》의 집필을 도우면서 필자가 품게 된 화두도 이와 같았다. "백 선생님은 도대체 어떤 분일까?"로 시작한 인터뷰 끝에 얻게 된 해답은 또 하나의 새로운, 다음과 같은 화두였다.

"백 선생님이 독일로 간 까닭은?"

백 선생님의 철학과 사상 그리고 독특한 수행법 등을 선생님이 남기신 저서와 강연록을 통해 살펴보면 독일에서 공부하셨던 경험이 선생님의 삶 곳곳에 녹아 있음을 알 수 있었다. 가장 눈에 띄는 특징은 백 선생님께서 강연 중에 신지학을 언급하시며 이를 참고해 사람이 어떻게 살아가야 하는지를 설명하신 부분이다. 신지학이란 '신적 지혜' 내지는 '신적인 것에 대한 지혜'를 뜻하는 말로 고대의 신플라톤주의, 영지주의 등 신비주의 유파들 및 동방의 신비 종교들이 한결같이 추구했던 진리를 현대에 맞게 재해석한 종파이자 흐름을 일컫는다. 이른바 현대판 영지주의라 할 수 있는 신지학은 고대로부터 내려온 가르침인 그노시스^{gnosis}, 즉 영적 지식을 얻어 깨달음에 이르고자 하는 '의식의 변화'를 추구한다.

백 선생님은 불교도가 됐건 교회를 다니건 또는 공자님의 말씀을 따르건 간에 이런 정신생활의 본질은 하나이며 같다는 결론을 내리시며 사람이 삶을 올바르게 살면서 깨달을 수 있는 비결로 이와 같은 정신생활이 법률생활 그리고 경제생활과 함께 존중되고 조화를 이루면서 돌아가야 함을 강조하셨다. 인간 삶의 본질이 이 세 가지 축을 통해 이뤄져야 한다는 것은 리엔 켐프와 니콜라이라는 사회학자를 통해 주창됐고 훗날 루돌프 슈타이너라고 하는 독일 신지학회 회장에 의해 더욱 구체화되며 대중적 공감을 얻었음은 주지의 사실이다. 백 선생님께서 이런 설법을 하신 것은 독일 유학을 통해 접한 영지주의적 세계관이 그 배경에 있지 않은가 생각한다. 천주교 의식 연구와 희랍어 등을 공부하시면서 백 선생님은 초기 기독교의 한 분파인 영지주의를 접하지 않으셨을까 추측한다. 영지주의 문헌에 나타난 예수님의 말씀은 놀라울 정도로 불교의 주장과 일치한다는 게 영지주의를 연구하는 많은 학자들의 주장이다. 또한 백성욱 박사가 독일에서 유학하던 시기는 루돌프 슈타이너가 독일 신지학회 회장으로 활동하던 시기와 일치한다. 슈타이너는 괴테에 심취했던 인물로 괴테와 칸트 그리고 루소는 공통점이 많다. 이들이 독일 철학사와 문학사를 관통하는 시대적 정신적 지주로 자리매김해 왔음은 주지의 사실이다. 백 선생님의 저작과 강연에서 칸트에 대한 언급을 많이 하시고 소싯적부터 칸트에 매료돼 철학과 불교 공부를 시작하셨음을 밝히신 바 있는데 이런 관점에서 보면 슈타이너의 일생과 사상이 백 선생님의 일생에 많은 영향을 끼쳤음을 짐작해 볼 수 있다. 백 선생님이 독일에서 공부하셨던 관심분야가 고대 희랍어, 독일신화사, 천주교 의식 등이었음을 볼 때 이런 공부를 통해 영지주의에 대한 이해가 남다르셨을 것이고 현대판 영지주의라 할 수 있는 신지학에 관심을 두셨던 것을 백 선생님의 강연과 저작물을 통해 확인해 볼 수 있다. 슈타이너는 한때 신지학에 심취했지만 훗날 이를 바탕으로 더 체계적이고 현실 중심적 학문이자 정신세계관인 인지학이라는 새로운 분야를 개척하고 이를 가르칠 종합대학을 세웠으며 연극과 드라마등의 공연예술에도 조예가 깊어 직접 작품을 쓰고 공연을 하기도 했다. 이는 백 선생님이 동국대를 종합대학이 될 수 있도록 기틀을 닦으시고 장한기 박사를 영입해 우리나라 문화예술계의 기반을 마련하셨던 것과 견주어 볼 만한 업적이다. 백 선생님께서는 수많은 강연과 법문에서 예수님의 사례를 들려주시고 칸트나 링컨, 소크라테스 등의 이야기를 인용하기를 즐기셨는데 이 또한 백 선생님의 영지주의적 세계관을 보여준다고 할 수 있다. 또한 슈타이너가 영지주의적 세계관을 가지고 서양인에게 가장 친숙한 기독교를 활용해 신지학과 인지학을 정립했듯이 우리 민족에게 가장 친숙한 불교, 그 중에서도 우리나라가 미륵의 나라라고 불릴만큼 미륵신앙이 강한데, 우리나라 사람들의 이 관념을 잘 활용해 미륵존여래불 염송과 바치는 공부, 한 마음 닦아 성불할 수 있다는, 즉 인간이 부처가 되는 길을 설명한 불경인 금강경 독송 등으로 당시 혼란했던 시대 상황에서 마음공부는 물론 현실에 충실하면서 바라는 소원을 이루며 행복하게 살아갈 수 있는 최고의 자기계발법으로 삼으셨다는 점에서 슈타이너와 백성욱 박사에 대한 비교연구가 필요하다고 본다.

소원은 왜 이루어지는가

결국 모든 것이 마음의 작용이라는 것, 내가 현실이라고 그토록 믿어 의심치 않았던 모든 것들이 실체가 없는 환영에 불과함을 깨닫는 것이 불교의 가르침이자 칸트나 예수님 또는 공자, 노자 등 인류의 정신사를 꿰뚫고 있는 성현들의 가르침일 것이다. 백 선생님이 훌륭하신 점은 바로 이 부분에서 한 인간이 그런 깨달음 후에 해야할 일을 체계적으로 알려주셨다는 것이 아닐까 생각한다. 현실이 환영이고 모두 마음의 일, 즉 한 사람이 세세생생 쌓아온 인식의 결과로 나타난 한편의 영화와 같은 것이라며 우리 모두는 그 현실에 충실한 삶을 살아야 한다는 것이다. 정신생활에서 얻은 깨달음이 현실화되는 곳이 바로 우리가 사는 이 세상이기 때문이다.

그러므로 소원을 이루는 삶은 그 무엇보다 중요하다. 한 인간이 품은 소원이 간절해진다는 것은 그 사람의 마음이 펼쳐낸 현실의 결핍이 반영된 결과일 것이다. 앞서 손 선생님의 법문을 살펴봤던 것과 같이 백 선생님도 "일염이 만염이다. 소원은 그 사람의 모든 것이니 그저 미륵존여래불하고 바쳐라"는 말씀을 많이 하셨다고 하는데 바로 그 소원을 이뤄내는 삶이 그 어떤 수행보다 진실된 것이며 그것이 수행 그 자체라고 여기셨기 때문이 아닌가 싶다. "문제를 발생시켰을 때와 똑같은 의식수준으로는 어떤 문제도 해결할 수 없다"는 아인슈타인의 말처럼 소원이라는 결핍이 발생했을 때 그것을 이루기 위해 우리가 해야 할 것은 관점을 바꾸는 것이다. 즉 마음의 틀, 세세생생 쌓아온 카르마라고 할 수 있는 나의 관념, 다시 말해 인식의 틀을 바꿔야 한다. 그 결과 바뀐 마음에 따라 이를 반영하는 현실도 바뀌게 된다. 그 방법을 백 선생님은 다음의 세 가지 수행법으로 체계화시키셨다고 본다. 첫째 금강경이라는 인류 정신사의 보배와 같은 높은 주파수에 우리의 몸과 마음을 공명시키는 금강경 독송법, 두 번째로 떠오르는 모든 생각을 내 안의 불성이자 미래의 나인 미륵존여래불에 바침으로써 나라는, 생각이라는 에고에 사로잡히지 말 것, 마지막으로 나의 소원이 이루어져 모든 사람이 업보 업장을 해탈탈겁하기를 바란다는 대승적인 차원의 원을 세움으로써 나와 세계가 둘이 아님을 깨닫고 현재보다 더 높은 차원으로 이동해 그 소원을 이루는 삶을 사는 것이다.

백 선생님의 이 간단하고 핵심적인 수행법은 누구나 혼자서도 어디에서도 할 수 있으며 사람이 정신생활에만 빠져 법률생활과 경제생활이라는 현실을 외면해버리는 우를 범하지 않게 하는 가장 현대적이고 미래지향적인 자기계발법이자 수행법이라고 생각된다. 동서양을 막론하고 현실과 마음이 둘이 아님을 깨달은 성현들은 현실에 충실하되 그 현실의 실체는 환영임을 깨닫고 현실에 휘둘리는 것이 아니라 현실을 내 뜻대로 만들어가는 삶을 살 것을 가르쳤다. 마치 뛰어난 배우가 연극이나 영화에서 어떤 배역을 맡든 지간에 그 역에 몰입해 탁월한 연기력을 보여주듯 인간의 삶이란 것도 주어진 배역을 최선을 다해 수행하며 그 속에서 배울 것을 배워야 하는 꿈과 같은 것은 아닐까? 백 선생님이 문화예술을 사랑하시고 그토록 우리나라 연극영화계에 튼튼한 발판을 마련하는데 힘쓰신 것도 이러한 삶의 본질을 꿰뚫어 본 도인의 통찰이었다고 여겨지는 이유다.

한평생을 가장 매력적인 남자이자 불자로 구도자로 그리고 수행자로 빛나는 가르침을 펼치셨던 백 선생님은 불교를 넘어선 불교를 설파하셨다는 생각이다. 기독교가 언제부터 그 이름이 기독교였냐는 말씀을 하셨을 정도로 백 선생님의 법문에는 모든 종교와 사상, 그리고 철학이 아름답게 어우러져 있었다. 모든 종교가 그 이름이 다를 뿐 하나의 공통되고 가장 빛나는 가르침을 향하고 있으며 마음공부와 현실생활이 둘이 아닌 하나임을 알려주신 것이다.

백 선생님의 가르침을 받은 모든 분들의 공통점 또한 내 마음을 부처로, 내 집을 법당으로 삼고 현실 세계를 수행의 장으로 여기며 소원이 이루어지는 삶을 아름답게 가꿔왔다는 데 있다고 여겨진다. 미래를 연구하는 학자들이 입을 모아 이야기하는 미래 종교의 모습이 바로 교회나 사찰, 사원 같은 성전이 없고, 성직자가 없어질 거란 예측인데, 백 선생님이 바로 그런 미래의 종교를 오래 전부터 제자분들의 삶 속으로 가져다주신 것이 아닌가 싶다. 그래서 미륵존여래불, 즉 미래에 오신다는 말세의 구세주 미륵 부처님이 백 선생님의 세계관에서 가장 중요한 상징성을 갖게 된 것이 아닐까. 미륵존여래불은 멀리 계시지 않다. 바로 지금 여기, 내 마음, 내 법당에 계신다.

"동서양을 막론하고 현실과 마음이 둘이 아님을 깨달은 성현들은 현실에 충실하되 그 현실의 실체는 환영임을 깨닫고 현실에 휘둘리는 것이 아니라 현실을 내 뜻대로 만들어가는 삶을 살 것을 가르쳤다."

금강경 독송의 이론과 실제

"세상에서 가장 아름다운 지혜의 책 금강경!"
생활 속에서 읽고 실천하는 금강경 독송법을 만난다

누구나 쉽게 생활 속에서 금강경을 읽고 그 가르침을 실천할 수 있도록 금강경 독송법을 소개한 책. 부처님 최상의 지혜를 담고 있는 금강경은 불교의 단일경전으로서는 세계에서 가장 널리 읽혀왔다. 이 책은 불자들의 수행지침서인 금강경의 독송을 위해 구체적인 독송법과 알기 쉬운 금강경 해설을 곁들였다.

금강경 독송과 마음 바치는 법

백성욱연구원 초판 1쇄 인쇄 2020년 9월 29일
백성욱연구원 초판 1쇄 발행 2020년 10월 1일

지은이 임덕규·정천구 외
펴낸곳 백성욱연구원
펴낸이 김진식

출판등록 2011년 06월 07일 제406-2011-000071호
주소 경기도 파주시 탄현면 하늘소로 16 109-205
전화 070-7672-5523
팩스 031-624-5523
이메일 enlightenme.book@gmail.com
인쇄 태영미디어

ⓒ백성욱연구원 2020
ISBN 979-11-966835-1-1 03220
값 12,000원